集英社新書ノンフィクション

父が牛飼いになった理由《わけ》

河崎秋子
Kawasaki Akiko

目次

一　脱サラ牛飼いの謎

実家は牧場

私の実家は北海道東部で酪農業をしている。現在の経営者は私の長兄だ。一時期羊飼いをしていた頃は私も酪農の仕事をしつつ畑の一角を使わせてもらっていたが、現在は家を出て物書きの職を得ている。

ありがたいことに、小説などを刊行すると雑誌や新聞社にインタビューをして頂く機会がある。

『実家が農家』

『北海道の歴史を題材に小説を書くことが多い』

以上二点が組み合わさると、インタビュアーの何割かが以下の質問をする。

「じゃあ、河﨑さんはご先祖の代からの開拓農家なんですね」

厳しい自然と戦った歴史。大地を切り拓《ひら》いたフロンティアスピリット。そういったものを期待して、インタビュアーの目がキラキラ光る。私は一瞬言葉に詰まる。若干答えづらい。だが事実を言わなければならない。

「いえあの、違います。もともとは両親ともに公務員でして。脱サラして牛飼いになりました」

「……そうなんですね」

答えを聞いた質問者は言葉とは裏腹に、『ガッカリ』という気持ちが表情と声音《こわね》から見え隠れする。

なんかごめん。記事的に映《ば》えない出自で。うん確かに開拓期の小説も書くことがあるので、『開拓者の末裔《まつえい》が書きました！』という雰囲気を押し出した方が各方面で良いのだろうけれど、嘘《うそ》を言って盛るわけにもいくまい。だって事実なのだから。

自称はよくても呼ばれるのはイヤ

ここで一つ、些細《ささい》な言葉の表現について説明しておきたい。『酪農家』と『牛飼い』の同義性、そして使い分けについてだ。

通常、『牛を飼育して牛乳を生産する職業』は『酪農業』と表現される（テレビでは特にそう）。その職業に従事している人は『酪農家』、雇用されている人は『酪農従業員』。

そして、従事している人たちは自らの仕事を『牛飼い』と称することがままある。

ただ、これは自ら称する時や同業者間で使われる言葉で、他業種の人から（ましてや公的な意味合いのある場で）『牛飼い』と呼ばれるといい顔をされないことが多い。米農家や野菜農家が自分たちを『百姓』と呼ぶのはよくても、他から『百姓』とは呼ばれたくない、ということに似ている気がする。

（なお、私が長年従事していた『羊飼い』業は、人から『羊飼い』と呼ばれることが普通だ。そして言われた側が嫌な気持ちになることはない。それは代替可能な名称がないうえ、国内でこの職業の歴史が浅いこと、聖書など外国の文化・文献の翻訳で『羊飼い』という表現が定着していることが所以《ゆえん》だと思われるが、正確にはよく分からない）

閑話休題。

自称はよくても外部から呼ばれるのはイヤ。そんなめんどくさい『牛飼い』という言葉ではあるが、私は父が生業《なりわい》として選んだこの仕事を、本書では『牛飼い』と題名に使用し、本文でも呼び続けていくことにする。なにしろこれは私たち自身についての話なのだ。私的極まりない主題ではあるが、お付き合い頂ければと思う。

細くしたたかに（?）営まれる家族の牧場

河﨑家は、私が生まれた昭和五十四年にはすでに牛飼いをしていた。創業五十年以上。北海道だとお店でこれぐらい経営を続けると『老舗《しにせ》』と呼ばれることもあるが（京都の人とかに笑われてしまいそうだけれど、歴史が浅いのでそのへん加味して下さい）、さすがに戦後入植の農家は新しい方に分類される。

場所は北海道東部、根室《ねむろ》半島と知床《しれとこ》半島のちょうど間ぐらいにある別海町《べつかいちょう》。東は海に面し、西にやや細長く伸びる地域のほとんどが森か湿地か牧草地だ。

町の広さは広大で、東京二十三区二つ分と少し。北海道内の市町村でも大きな方だ。主な産業は酪農と漁業。大手乳業メーカー各社の大きな工場がある。あとは産業ではないがかなり大きな自衛隊の演習場もある。

夏は海霧の発生で気温三十度にならないぐらいに涼しく、冬は太平洋側らしく道内にしては雪は少なめ。そのかわり、しばしば強烈な地吹雪が起きてはせっかく除雪した道路も家の周りも横殴りの雪に覆われてしまう。

火山灰土と冷涼な気候、傾斜の少ない地形のため湿地が多い。これらの条件により、農業としては米作りはおろか畑作も難しく、牛が食べる牧草やデントコーンならなんとか作れる、ということで日本有数の酪農地帯になった地域だ。

町内の牛の数は約十一万頭。人口約一万四千人に対してなので、人一人あたり七頭以上の牛がいることになる。「人より牛の数の方が多い町」というキャッチフレーズになるのはこの統計ゆえだ。

（もっとも、実は北海道の町村のかなり多くで「牛の数＞人口」の図式が当てはまるのだが、こと別海町に関してはこの比率が特別抜きんでている）

漁業はサケ、ホタテなど貝類に加え、野付《のつけ》半島という砂嘴《さし》が作り上げた穏やかな内湾に生息するホッカイシマエビが有名だ。

町内の鉄道は約三十五年前に廃止され、最寄り駅は隣町の根室市か標茶町《しべちゃちょう》。最寄りの空港は隣町の中標津町《なかしべつちょう》。最寄りのイオンは車で約一時間半離れた釧路町《くしろちょう》にある。ちなみに最寄りの映画館もこのイオンの中だ。

農林水産業が盛んで、食べ物が美味《おい》しくて景色がきれいで、人口が少ない。要するに田舎なのである。

田舎ゆえの悪いところもないではないが、私にとってはおおむね良いふるさと。それが脱サラした父が選んだ入植地・別海町である。

そんな父が開いた牧場は今も、細々とではあるが営農を続けている。経営規模は小さく、いわゆる家族経営だ。

牛の数は現在約百二十頭。敷地面積（酪農の場合は牧草地の広さとほぼ同義なわけだが）は約七十ヘクタール。形態は開業当時から変わらぬ放牧酪農だ。五月末から十月までは牛たちは牧草畑で昼夜のんびりと草を食《は》み、朝夕の搾乳《さくにゅう》の時だけ牛舎に戻ってきて配合飼料も食べる。放牧ができない晩秋から春先までは牛舎内で自家牧場産の乾草《かんそう》を食べ、日中は運動場に出されて日向ぼっこをする。

経営は父の後を継いだ長兄夫妻が営み、首都圏からUターンした次兄も従業員として働いている。昨年、長兄の長男が農業系の大学を卒業して実家に戻ってきた。今後、後継者となる予定のようだ。

近年、飼育頭数千頭オーバーのメガファームが増えたことを考えれば、家族で運営しているごくごく小さな牧場なのだ。

また、基本は牛乳生産だが、小さなチーズ工房も設けて小規模ながら販売もしている。五十年程前、入植当時に建てた最初の家は幾度かの大地震でガタがきたため、新しい住宅に建て替えている。建て替えついでに家の一角にチーズ工房を造ったのだ。こちらは母と次兄がチーズを手作りして販売している。生産量はそう多くはないが、美味しいと言ってくれるお客さんのお陰で、農作業のかたわら細く長く続けられている。

父が入植した頃から牛の数もいくらか増えたし、主に離農した農家から放牧地を購入する形で土地も少し広くなった。しかし特別人を雇うでもなく、家族みんなで毎日作業し、夏になれば自分のところの牧草を刈って冬の餌を用意しておく。農閑期はなく、忙しい毎日だ。

贅沢《ぜいたく》はできないが貧乏でもなく（入植当初はさすがに大きな借入金があったが、両親や兄夫婦が毎年地道に働いてくれたお陰で当時の負債は返済し終えている）、家族そろって食べることが好きなので毎日ギャーギャー言い合いながらテーブルを囲み、ニュースや野球中継を見つつヤイヤイ勝手なことを言ってちょっと早い時間に眠る。そして朝早く起きてまた牛の乳搾《ちちしぼ》り。そんな普通の農家の家族だ。私が生まれる前から現在に至るまで変わらないうちの牧場を形作ったのは、元気でキャラクターが濃いめの母と、そして間違いなく父なのだ。

タバコと甘いものが好きで、趣味はカヌー作り

父はあまり気の強い人ではなかった。少なくとも、子どもだった頃から私にはそう見えていた。私が悪さをすると叱るのも怒るのも母と兄で、その分、たまに父に叱られると「これは本当にいけなかったやつ」と反省を深くした。

酒はあまり飲まない代わりにタバコは欠かさず、たまに出かける機会があればひょいとパチ

ンコに行ってしまった。そして牛飼いにとって一番大切な朝夕の搾乳作業のうち、夕方の方をサボって夜遅くに帰ってきては（つまり閉店まで打っていたのだ）、母に怒られて申し訳なさそうに黙り込んでいた。

甘いものが好きで、私が作る菓子を無言のまま一つまた一つとよく食べた。特にナッツが入ったパウンドケーキやタルトを好んでいた。

以前、町に初めてコンビニができて以降は、家族分のスイーツを買ってくることも多かった。特にセブン‐イレブンのフルーツ果肉が入ったゼリーが好きで、私はよく「きっとお父さん、店員さんに『ゼリーのおっちゃん』とかあだ名つけられてるよ」と笑った。

思い返せば、自分が美味しいものを食べるのも好きだが、家族に食べさせるのも同じぐらい好きなようだった。戦後すぐに少年期を過ごした人にしばしばあるように、サツマイモやカボチャは絶対に口にしようとしなかった。なのに、家族でバーベキューをやった時などは率先して焼き芋を作り、孫たちによく勧めていた。

昔の農家のお父ちゃんの多くがそうであったように、簡単な機械整備や大工作業は自分でこなした。子牛小屋造りなど、今でいうＤＩＹのややハードなやつを真剣に図面を引いてから黙々と造った。

しかも父はこり始めるととことん完遂したくなる性質《たち》だったらしく、一時期ハマっていたカナディアンカヌー作りには相当熱を入れていた。倉庫の一部を使って外国製のキットを組み立てた。日々コツコツと樹脂を塗っては乾かすを繰り返し、とうとう大人三人が乗ってもびくともしないカヌーを作り上げてしまった。

そして舟につけた名前がなぜかゲンゴロウ丸。「ゲンゴロウだと水に潜っちゃうじゃん」という私の生意気な発言に反し、ゲンゴロウ丸は一度転覆したのみで、とうとう沈没することはなかった。

またある時のことだ。農業とは言っても、仕事は肉体労働だけではない。書類仕事もあるし、会計や税務処理もある。そこで地域の農家では農協が薦める会計事務所に手続きを頼むことが多いそうなのだが、農協の態度が気に食わなかったとか薦められた会計事務所が居丈高だったとかで、とにかく父はカチンときたらしい。

その後父は、外部には頼らず、全て自分で計算や手続きなどをこなしてしまった。今のようなＡＩはおろかパソコンの会計ソフトもない時代である。夜な夜な小さなプリンターのついた計算機と領収書と手書きの表で全ての簿記業務を終え、自分で役所の窓口に行って確定申告など諸々《もろもろ》の手続きをこなしていた。そう、意地だけで。

経営主体が兄の代になった現在、作業の効率や考え方なども違うので、そういった業務は会計事務所さんにお願いしている（ちなみに前述の事務所とは違うところだ）。昔は父が自力でやっていた、と言うと税理士さんに結構驚かれたそうだ。

総じて穏やかな人ではあったが、母や兄は「頑固親父《おやじ》」と言う。私もそう思う。

父から教わった、命を扱う技術

父は子どもの教育に関してはあまり口出しをしない、というか母に任せきってしまうところが多かった。

ただ、私に丁寧に教えてくれた技術が一つある。鶏《にわとり》の絞め方と、解体の仕方についてだ。

家の敷地内にはかつて鶏小屋があった。イタチやキツネを防ぐためのチキンフェンス（目の細かい網）に覆われた運動場と、鶏が夜を過ごすための止まり木、そして卵を産むための藁《わら》を敷き詰めた箱。その施設もやはり父の手によるものだった。

私は子どもの頃は鶏小屋の周りでよく遊んだ。網の間からハコベやクローバーを差し出してやると、彼らは喜んで啄《ついば》みに来る。序列社会のせいか、積極的に食べにくる親分格と遠慮する弱い個体がいて、子どもの頃はどうしても自分の手から餌を食べてくれる鶏の方が可愛《かわい》らしく見えたものだ。

たまに、スコップと古びたオイル缶を持って牛の完熟堆肥の山に行き、ミミズたっぷりの堆肥を鶏小屋に持って行っては運動場にぶちまけてやる。すると、鶏たちは先を争って堆肥を蹴りわけ、太ったミミズたちをちゅるちゅると呑《の》み込んでいくのだ。そうして鶏たちは卵を毎日産んでくれた。

だが寒くなると、老いた鶏は卵を産まなくなってくる。年の瀬が近づく頃、父は老鶏を選んで両羽と首をひねる。そしてよく研いでおいた包丁で素早く頸動脈《けいどうみゃく》を切り、足と羽を持って放血する。鶏の苦しむ時間はさほど長くなく、小さく痙攣《けいれん》してぐったりと体の力が抜ける。

放血を終えると、煮えたぎらない程度のお湯に鶏の全身をつけ、それから羽根を毟《むし》るのだ。羽根を毟り終えると、丸鶏に近い状態になる。そこから父は台所に場所を移し、もも肉、ささみ、むね肉、鶏ガラ、モツと、手早く解体していく。

私はその手つきを見て、中学生ぐらいの頃から「自分もやってみたい」と参加するようになった。気持ち悪いとは思わず、さりとて妙な見栄《みえ》からでもなかったと思う。

父がやっていることと同じことができるようになりたい、さらに言えば、命を扱う技術を同じように自分のものにしておきたい、と考えるようになった。やがて私は年末になると父と並んで鶏を絞めて解体し、そのうちこの仕事は私一人に任されるようになった。

高校進学で地元を離れていた頃、年末の帰省予定を電話で母と打ち合わせていると、「あきこ〜、今年、鶏二羽いるからよろしくね」と、父の声がしたこともあった（花も恥じらう女子高校生に何をやらせていたのだ父ちゃん）。

父はこれらの技術を非常に自然に教えてくれたように思う。女がこんなことをと渋ることも、逆に覚えることを強要されたこともない。もちろん、この仕事に興味を持たなかった他のきょうだいを責めるようなことも一切なかった。

柔らかさと頑《かたく》なさが同居していた

大人になった今、ジェンダーや男女平等、またその対極にあるかのように語られる昭和の男女像を眺め、思うことがある。

父はあの年代の男性には珍しく、家父長制の圧力が強くない人だった。まったくなかったとは言わないが、自分の男らしさを社会的に守るために虚勢を張るでもなく、また、自分の沽券《こけん》のために人を軽んじることをしなかった。たまには大人げなく拗《す》ねたけれども、基本的に他人と喧嘩《けんか》をしたがらなかった。食べ物にも実は人にも好き嫌いが激しい側面があったのだと思うが、それを表に出して人を傷つけることはしなかった（ただし食べ物への注文は多かったので母はちょっと苦労した。私も料理をするようになると、「味噌汁《みそしる》の豆腐に熱が通りすぎている」と指摘されて呆《あき》れたのを覚えている）。

総じて、柔軟な人だったと思う。ただ、父なりの信条や価値観が確固として存在し、それに悖《もと》ることに対しては、決して妥協を許さなかった。背が高くも特に筋肉質でもない体の、その奥の芯はとても硬く、母はともかく我々子どもたちはその芯を揺るがすようなことは許されない雰囲気があった。

父のその、柔らかさと頑なさが同居していた理由はどこにあるのか。祖父母、あるいは兄弟の影響なのか、それとも育った環境のためなのか。どれもありそうに思えるが、真実は分からない。多分本人にだって分からないだろう。

そんな父は旧満洲（現・中国東北部）で生まれた。そして終戦後、祖父母に連れられて大阪に引揚げ、そこで高校まで過ごしたという。

父が今の中国で生まれた、と聞いた時、私は幼稚園児だった。お父さん外国の人だったの、とか、中国語喋《しゃべ》れるの、と聞いては両親に苦笑いで否定された覚えがある。なにせ幼児だったので歴史の細かいことや当時の人たちの大変さは何一つ知らなかったのだ。ましてや祖父母や伯父伯母、そして父の苦労など、きっと事細かに教えられても理解などできなかった。

さらに大きくなってからは、隣町で同じく酪農をしている伯父と叔父、そして当時まだ元気だった祖父母と元は一緒に農業をしていたこと、その前は道職員、つまり公務員だったのをやめて農家になったのだと知った。

その頃から少し不思議ではあった。なぜせっかく土日祝日の休みとボーナスもある安定した職をやめ、忙しくドカンと大金持ちになれるわけでもない（子どもの視点です）農家に転身したのか。

しかし、距離の近しさと子ども特有の照れ臭さから父に直接尋ねることもなく、やがて私は進学で家を離れた。

父はたまに札幌で農業関係の会合があると、大学に通う私の安アパートに泊まり、「特急の車内に置かれたパンフで見たのが美味しそうだった」と、カニ料理専門店やホテルの中華料理バイキングに私を連れて行ってくれた。ありがたくご馳走《ちそう》になりつつ、本人も結構はしゃいでいたので自分でも本当に食べたかったのだと思う。

大学を出た私が何を思ったか羊飼いを志した時は、特に賛成もしないが強く反対もしなかった。娘が安定とはほど遠い世界に足を踏み入れたことにただただ戸惑っているようにも見えたが、実家で羊を飼うことになって以降は、牧草畑の一角に廃電柱とトタンで羊小屋をこしらえてくれた。

安定した仕事に就かず親不孝をしたと私は思っているが、育てた羊を家族のために料理すると喜んで食べてくれていた。もっと食べてもらえばよかったと今は少し後悔している。

私が子どもの頃も成人した後も、ちょっとズレた冗談を好んで言った。古い英語の歌をよく口ずさみ、ベンチャーズを好んで聞いた。ギターを弾くのが好きだった。猫が好きだった。阪神ファンだったが日ハムが北海道に来てからは鞍替《くらが》えした。スポーツ観戦が基本的に好きで、サッカー、モータースポーツ、アメフト、箱根駅伝はよく見ていた。親が嫌いだったものの数より、好きだったものの数の方が多く思い出せるのは幸せなことなんだと今にして思う。

途方もない、利益もない、だが大事なこと

二〇二五年、父は八十三歳になる。

存命ではあるが、二〇〇九年秋、六十六歳の時に、脳卒中となり高次脳機能障害を発症。自我とそれまでの記憶のほとんどを失った。現在は地元の特別養護老人ホームに入所し、穏やか

な時間を過ごしている。

十五年の間に孫が増えたことも、自分のきょうだいが亡くなったことも、私が作家になったことも、何一つ理解することはなく、また、覚えておくこともできずにいる。同じ名で、同じ体であっても、ある日突然まったく違う存在になってしまった。そしてそうあってもなお、事実として、母の夫で、甥姪《おいめい》の祖父で、私たちきょうだいの父なのである。

父がどうして牛飼いを志したのか。若い頃に何を思っていたのか。どんな人生を送ってきたのか。いくら聞いても頼んでも、本人の口から語られることはもうない。

半身麻痺《まひ》かつ拘縮《こうしゆく》の進んだ体で、体に入れる栄養は十五年間ほぼ全て胃ろうに頼りきりで、それでもまだ生きている。機嫌が良ければ笑いもする。なのにその体の中にある記憶や苦楽は、父本人の意思にかかわらず絶対に表に出ないところに仕舞い込まれてしまった。

なら、調べさせてもらおう。

父の弟や親族、そして母らからできうる限りの父の姿を聞き出して、今からでも調べられることは調べておこう。私はそう決意した。

本人が元気だったなら、「いいよそんなの。やんなくて」と言っただろう。だがこちとら父が施設に入るまでの十二年間、寝たきりの状態を在宅介護した身なのだ。着替えも下の世話も車椅子での移動もなんでもやった。少しぐらい、父の過去を根掘り葉掘りしたって文句を言われる筋合いはない、と強弁しておく。

それにどうせなら、父だけでなく、父の家系についても調べてみようと思った。何せ旧満洲の地で生まれた父である。その時代に、そこで生まれたからには、祖父と祖母がなぜ旧満洲にいたのか。また、なぜ旧満洲に行くことにしたのか、まで遡らねばなるまい。

私の父、そして父方の祖父、さらにはその先祖がどのようにして生きてきたのか。

途方もない、利益もない、だが大事なことをこれから調べていこうと決めた。なにせ頑固な父の娘ですので、父にはご容赦願いたい。

二　首級《しるし》をあげたと言われましても

北海道の人は自分のルーツに興味がない?

子どもの頃から、父方の先祖はもともと金沢の出だ、という話は聞いていた。隣町にある先祖代々の墓石は、職人さんに頼んでわざわざそちらから持ってきたものだ、とも。

確かに、子どもの頃は墓参りに行くたびに、周りのツルツルした墓石と違うな、古いのかな、と思っていた。表面のざらざらした、色のやや白っぽい河崎家の墓石が運搬されて北上し、津軽海峡を越えるところを想像すると、なんだか少しユーモラスだった。

昭和十七年に旧満洲で生まれ、引揚げ後は大阪で育ち、その後北海道に渡って酪農家を志したのはなぜなのか。病床でもう語ることのない父に代わって謎を解き明かす前に、少しだけ北海道に住む人の先祖観に触れておかなければならないと思う。

前提として、現在北海道に住んでいる人間は、アイヌの人たちを除き、明治以降、北海道開拓が本格化してからの道外からの移住者が祖先、もしくは自身が移住してきた人の割合が多い。

おのおのが最初に北海道の土を踏んだ理由として考えられるものは、仕事の都合、家族の事情で、自らの意志で、集団開拓、終戦後の世情を踏まえると樺太《からふと》や旧満洲からの引揚げで、というものもある。

中には人に言いづらい何かをやらかして北海道まで逃げてきたり、ロマンチックな愛の逃避行の果てに北の大地を選んだ人もいるだろう（暖かい南じゃなくてなんでわざわざ寒いところを目指すのか？　ただでさえ負い目があるなら少しでもぬくぬくした場所の方が心身に優しいだろうに……と私なぞは思ってしまうのだが、そこは個人の価値観の違いなのだろう）。

それぞれがそれぞれの理由で北海道に根を張った。それが当たり前で他人のルーツにあまり興味を持たないからこそ、余程のことがない限り「あなたのご先祖はどんな人？」とは聞かない。もし尋ねられて、「さあ、よく分からない」と答えたとしても、「自分の先祖も知らないなんて……」と言われることも通常はない（そもそもそんなことで人を貶《おとし》める方がおかしい）。むしろ、（これは道内に限らないだろうが）特別親しくもないのにルーツを根掘り葉掘り聞き出そうとする人の方が良識を疑われるだろう。

北海道の人は全体として自分のルーツや先祖へのこだわりが薄めであると思う。古い農家さんで、うちは屯田兵《とんでんへい》で、とか、五代前が伊達《だて》藩から入植して、と誇りを胸に営農している方もおられるが、そういうお宅は鍬《くわ》を下ろして開拓したこと自体が誇りであり、北海道に渡る前の先祖のことまでとなると途端に調べがつきにくくなることも多いように思われる。

このような前提のもと、バリバリの北海道生まれ北海道育ち、暑いのは苦手なので死ぬまで北海道で暮らしたい私が父方の先祖のルーツを掘っていくのは、何やら奇妙なものがある。

四代前の「ひいひいじいちゃん、ひいひいばあちゃん」ぐらいまではどんな人だろうかと気にはなるが、それより前の時代になると、「人類の祖先はアフリカ南部から世界各地に広がり」とか、もっと極論すると「地球の生命は海に発生したものが最初で」（以下略）レベルに気にならなくなってしまう。薄情な子孫だと先祖は泉下《せんか》で泣いておられるかもしれない。

ただ、古い時代への執着はなくとも、せっかくなので調べて分かった自分のルーツについて記録していこうと思う。

北海道育ち、家系図を遡る

ここに一冊の冊子がある。紫色の表紙に家紋と『藤田家系譜』という文字。この冊子が、自分の祖父以前の時代まで遡る契機になった。

冊子は藤田家の十三代目にあたる女性が、跡継ぎがおらず絶家するにあたって作成したものだそうだ。私家版として制作し、遠縁である河﨑家も数冊頂戴したとのこと。

内容は、所有している古文書や初代（正保《しょうほう》元年〈一六四四〉没）からの過去帳を整理したパートと、十二代目のご尊父の軍人としての記録や功績の記録、そして明治期の十代目から昭和末期に至るまでの詳細な家系図だ。河崎家の名前もこの家系図に見られる。

ルーツを遡るうえでは、古文書・過去帳・近現代の家系図が重要になる。

まず家系図から親戚筋を見てみると、三つの名前が出てくる。藤田家、前川家、そして河崎家だ。

前川家は、大阪にある。祖父にとって河崎に養子に出る前の実家で、祖父母が旧満洲から引揚げた後は親戚のいる大阪で暮らしていたと聞いていたので、私としてはすっかりただの「大阪の親戚」という印象でいた。

そして藤田家。私の知る限り、付き合いのある親戚に藤田姓の人はいない。ただ、血縁的には私の父方の高祖母（祖父母の祖母）の実家、ということになるようだ。

家系図を辿《たど》ると、どうやらこの三家は親戚関係らしく、どこかの家の跡継ぎがいない場合、他から養子を貰《もら》い合うような間柄だったらしい。

実際、うちの祖父・昇《のぼる》は高祖母の孫として前川家次男に生まれたが、縁戚河崎家の跡継ぎ男子（この人ももとは前川家で昇の叔父にあたり、後に河崎姓に変わっているので養子と思われる）が独身のまま日露戦争で戦死したため、河崎を残すべく跡を継いだその弟の養子に入った。

ただ、昇が養子になったのは家系図に残されているこの時だけではなく、その前にも一度、親戚の養子になっているそうだ。私の伯父（故人）が前川家に聞いて残したメモ書きによると、こうだ。

藤田家の一人娘（私家版の冊子を制作した女性、昇とは血縁上のいとこ）が他家に嫁入りする前、昇が名義上、藤田家に養子に入り、後に前川家に戻った、とのことである。

つまり昇は家名存続のために前川家から藤田家、河﨑家に養子に入ったことになる。家名を残すために一時的にであっても子を養子に出す。そんな発想がなかった私は、祖父の経歴にすっかり驚いてしまった。

そんな話を親戚内でしていると、伯父の妻が「うちの親戚でもそういうことはあった」と言っていたので、私がただ物知らずなだけだったようだ。戦前戦中の藤田家の当主は軍人として相当の立場だったようなので、尚更《なおさら》そうする必要があったということだろう。

一つの家があり、その名前を残せるかどうか。そこにかける家・家族・血脈へのこだわりが、家系図やメモ書きの文字の間からありありと浮かんで見えるようだ。

冊子に残っている近現代家系図のその前にも、もしかしたら養子縁組、婚姻などを介して三家は関係を深めていたのかもしれない。その意味でも、藤田家は私の先祖に違いない。

ということで、河﨑家と前川家の確たる資料が残っていないため、藤田家の系譜を遡っていくことにしよう。

また、話はそれるのだが、牛飼いの家として一点見逃せないことを記しておこう。藤田家の近現代家系図によると、明治期に分家として派生したとある家がのちに医薬品・動物医薬品の会社を興したそうだ。

ネットで調べてみると、現在でもバッチリ存続しておられた。それどころか、畜産の現場ではよく使われる薬剤の名称とメーカー名ではないか。うちの牛舎にも普通に常備している薬品の製造販売元である。

つまり、実家の酪農業は、遠縁が作った薬品に知らないうちに非常にお世話になり続けていたことになる。

もちろん親戚付き合いなどはないのだが、そちらが作って下さったお薬のお陰で救われた牛が沢山います、ありがとうございます、と平伏してお礼を申し述べたい気分である。


「『どうする家康』だと松山ケンイチの息子に仕えてたんだ」

さて、次に藤田家の古文書と過去帳についてだ。過去帳は活字に直されているが、古文書は私では到底解読ができないため、集英社『青春と読書』編集部を通じて研究者の方に解読をお願いした。

それによると、古文書自体は当時加賀藩に仕えていた藤田家七代目が、初代からの系譜を調べて上司に報告したもの、とのことだ。

文章の中で、回仙院、浄明院、といった人に仕えたとある。これらの名を調べてみると、加賀藩前田家の重臣「加賀八家《はっか》」の一つである本多《ほんだ》家歴代当主ではないか、とのことだった。

さらに調べて下さったところによると、回仙院の俗名は本多政重《まさしげ》。浄明院はその子、本多政《まさ》長《なが》。本多政重は加賀本多家の初代であり、さらにその父は徳川家康の重臣、本多正信《まさのぶ》とのことだ。

「おっとタイムリー！　うちのご先祖、大河ドラマ『どうする家康』だと松山ケンイチの息子に仕えてたんだー！」

……などと、つい軽薄なリアクションをしてしまったが、正直かなり驚いた。まあ戦国・江戸時代に武士をやっていて、上司の上司の上司が、と遡れば有名人の一人や二人出てくるということだろう。

ちなみに先日、親戚が集まった際に解読して頂いた内容をかいつまんで説明した。

「で、藤田家ご先祖が仕えていた主君が、大河で松山ケンイチさん演じた本多正信の子息で……」

と私が言うと、

「ああ松ケンの正信の！」

「ああ松ケンの！」

という具合で、親戚の理解が非常に早かった。大河ドラマの知名度、さすがである。余程歴史が好きで詳しい人でない限り、何百年も前の人をイメージするには創作物をフックにするのが一番だよな、と妙に納得できた一件でもあった。

それにしても、自分の先祖の記述に歴史上のメジャーな御尊名が出てくると、歴史オンチ（学生時代は暗記が苦手でした）の私でも、結構感動するものだ。

もちろん藤田家は私の先祖のうち一系譜にしか過ぎないし、祖父母の数が四人、曽祖父母の数が八人……と数えると、十代前には千二十四人になる。十三代だと……いややめよう。あくまで藤田家は自分を形成する先祖の一人、という話だ。

その他に、系譜を辿りようもない無数のご先祖がいらっしゃるわけだ。その中には農民も武士も商人も、悪人も善人もいたことだろう。

しかしだからこそ、こうして文書として系譜を残し、後世に伝える大変さも窺《うかが》い知れるというものだ。紙に記録していても戦乱や天災、廃棄などで失われることもあると考えると、記録を残してくれた藤田家の真面目さと運に感謝したくなる。

関ヶ原に参戦していた初代

系譜と過去帳の話に戻ろう。

系譜に書かれているのは藤田家代々当主の略歴、そしてその妻たちについてだ。

当時の記述の慣習として、妻の個人名は記されず某《なにがし》娘、として表記されている。その某にあたる妻の父の経歴も誰それに仕え、これこれこの通りの功績があり、とかなり細かい記述がある。例えば初代の妻の父は信長公に仕えてこれこれの知行（俸禄として支給した土地）を賜りどこそこの戦いで討ち死にした、といった具合だ。その詳細さには正直驚いた。武家同士の婚姻、つまり由緒の証明が厳格に求められていた、ということだろう。

そして、初代藤田藤大夫《とうだゆう》は越前に生まれ没年が正保元年。朝倉義景《よしかげ》に仕えた後、「御當（当）地御立退」との記述があるので何らかの事情で出奔し、加賀本多家に仕えることになったらしい。

なるほど、血筋としてはもちろん藤大夫にも父がいて母がいて祖先がいるはずだが、「加賀本多家を主君とする藤田家」としては藤大夫が初代、とカウントすることになるわけだ。

とにかく時代が時代だから、この初代、やたら戦場で頑張っており、首をとって朝倉義景からねぎらいの書状をもらっただの、太閤《たいこう》様より金銭を賜っただの、関ヶ原でも首をとっただの、記録があるだけで計六回首をとっていたようだ。

ただし、時系列を確認していくと、朝倉義景（一五三三―七三）配下で記録のある戦いと、関ヶ原の年代（一六〇〇）、そして没年（一六四四）を鑑みて分かるのは、藤大夫は若年のうちに戦場で功績を挙げ、その後長く各地で活躍、老兵となっても関ヶ原に参戦し、その後も長生きした、ということだ。

古文書を解読して下さった専門家の方によると、こういう種類の文書は功績をいささか誇張して書かれる傾向にあるとのことなので、藤大夫の没年含め、その活躍についてどこまで信じていいかは分からないようだ。もしかしたら六回首をとっていたというのも誇張で、事実はもっと少ないかもしれない。二回とか。

まあ、子孫が上司に報告した文章なのだし、うちの初代はこんなに凄《すご》くてですね！　と「盛る」心理も理由も分からなくはない。

七代目ともなると江戸中期、乱世の時代はとかく英雄的に誇張されがちな太平の世であっただろうし。それに立場としても侍とはいえ中間管理職。出世のためには盛りたくもなるだろう。その立場は色々大変だったんだろうな、とつい余計な想像をしてしまった（ご先祖はぼんくら子孫にそんな同情なぞされるのは御免だろうが）。

とはいえ、さすがに初代が首をとったのは事実なようで、冊子に収録されている複写した古文書に、首をとった際の感状が残っている。

うわあ血なまぐさいなあー！　とは思う一方で、戦国時代を生き延びた武士の家系というのは、結局そういうものなのだろうとも思う。

戦国時代に限らず、戦乱や戦争の時代を経て現存している血筋というのは、多かれ少なかれ先祖の血や傲慢や思い出したくもない、残されたくもない膨大な歴史の集積の果てに今この世にあるのかもしれない。

いや、時代に関係なく、今生きている人間は全て、死なずに済んで子を残した者か、子を残してから死んだ者の子孫だ。令和の価値観云々《うんぬん》は関係なく、それが事実だ。

子どもの頃、「母方のおじいちゃんは軍馬を育ててたから戦争行かなくて済んだ。父方のおじいちゃんは家の跡継ぎがみんな戦争で死んじゃったから、戦争行かなくて済む薬剤師になって、それで戦争行かずに済んだ」と聞かされたことがある。

その真偽や、当人たちが本当はどう思っていたのかは不明だが、祖父や祖母たちが生き延びたからこそ私が生まれたのは事実だ。

あまり自分の先祖だのルーツだのにこだわりを持っていない私だったが、血としては遠い祖先が首級《しるし》をあげた証明を眺め、今は亡き祖父母たちを思い出しつつ、普段は考えないことが諸々脳裏を巡った調べものだった。

思わぬ北海道との縁

系図と過去帳は初代の活躍、二代目が回仙院に足軽を預けられる（やっぱり中間管理職だ）などの記述の後、知行、役職名、受けた命令など、太平の世らしく事務的な記述ばかりになっていく。

そして明治五年、十代目直敬《なおゆき》の代で「一般之御規則廃祿（禄）」（過去帳の記述から）となり、武士としての藤田家は終焉《しゅうえん》を迎える。

私は親戚から藤田家は軍人の家系と聞いていたため、てっきり武士からすぐに軍人になったものと思っていたが、十一代目磐は医者になっていた。不幸にして失明したが、石川県河北郡《かほくぐん》旧花園村才田《はなぞのむらさいだ》にて村人の治療にあたったそうだ。

明治維新で多くの士族が路頭に迷った中、ご先祖が進むべき道を定めて邁進《まいしん》されたのだと思うと少しほっとする。

ただし磐には子がなかったため、妹と前川守之の三男、つまり甥っ子を養子に迎えて、この子が十二代目藤田進《すすむ》となる。進はのちに陸軍幼年学校に入学し、軍人となった。

ここで興味深いのが、進の出生地がなぜか北海道となっていることだ。明治十七年十二月北海道久遠郡《くどうぐん》旧上古丹村《うえこたんむら》生まれ。前川氏の情報は冊子からは窺い知れないが、武士の娘を娶《めと》った後、北海道に渡って根を下ろしたことになる。

久遠郡上古丹村。私にはまったく知らない地名だ。ネットで調べたところ、北海道南西部、現在のせたな町あたりだという。北海道東部に住む私の実家とも父の実家とも、現在縁もゆかりもない。

前川守之は私の祖父・昇の祖父にあたる。彼がどんな理由で維新後の北海道に移住したのかは分からないし、昇が後年、旧満洲引揚げ後に息子たちと北海道を目指したことに心理的な影響を与えたかどうかも分からない。

ただ、昇はその縁で一時的に久遠郡上古丹村に土地を有していたらしく、親戚の証言によると、

「そういえばおじいちゃん、満洲に渡る時に道南にあった土地を売って資金にしたって言ってたわ」

とのことなので、間違いはないと思われる。

私は北海道に生まれたのは当然のものとして育ってきたが、それは父が北海道に移住したからだった。そして父の移住には祖父の意志が関係していたと大人になってから知った。

その道のりは旧満洲→大阪→北海道（道東）という一方通行の矢印と思っていたが、実際はそれ以前に昇は北海道に縁があった。それはちょっとした驚きだった。

茶志骨《ちゃしこつ》のおじいちゃん

さて、藤田家というルーツの一つが詳《つまび》らかになったところで、その血を継いだ私の祖父・河崎昇はどんな人だったのか。私の幼い時の記憶と、両親や親戚の話をもとに明らかにしていこうと思う。

子どもの頃、私は昇を「茶志骨のおじいちゃん」と呼んでいた。

祖父は別海町《べつかいちょう》の私の家から車で四十分ほど離れたところにある、標津《しべつ》郡標津町茶志骨に住んでいた。祖父母が住む平屋の住宅を中心に父の兄・章《あきら》一家、父の弟・繁《しげる》一家の三家があり、一族合同で酪農を営んでいた。

なにせ時代は昭和、子どもの多い時代である。うちのきょうだいが四人、いとこが六人、さらにご近所の子どもたちがワイワイ入り乱れて野外で遊び、または一緒にゲームなどして、とても賑《にぎ》やかな楽しい時を過ごした。

遊び疲れて母屋に戻ればおばあちゃんやおばさんたちがちらし寿司《ずし》などのご馳走を用意してくれて、お盆などには泊まらせてもらうこともしばしばだった。そんな楽しい記憶の中心に祖父母はいた。

祖父に関する私の記憶は少ない。一番はっきり覚えているのは、お正月にお年玉をもらう時、トランプのババ抜きのようにポチ袋を扇状に持った祖父に、「どーれだ?」と言われた情景だ。子どもにとっては一大事である。選ばされるということは、中にアタリとハズレがあるのだろう、と勝手に推測し、他のきょうだいのことなど知ったこっちゃないので真剣にアタリを狙った覚えがある。もちろん、中身は全て同額であることが後にネタばらしされ、私はふくれた。

また、私と十歳離れた長兄の証言によると、「焼酎のウイスキー割りを飲んでいた」という。兄がそれを眺めていると、箸を一本取り出して先を酒につけ、「はいあーん」と兄に雫《しずく》を飲ませていたという。

何してくれてたんだじいちゃん。今の時代にSNSか何かでそんな動画が出たら大炎上である。まあ、おおらかな時代だったというのと主犯が故人ということで時効にしておいて欲しい。ちなみにおじいちゃんの悪行のせいかどうか知らないが、兄は立派な酒豪に育った。

そんな端々のエピソードや親戚の語り口からすると、祖父はそこそこお茶目な人であったらしい。おばあちゃんも頑固なところがありつつどちらかというとホワワンとした人だったので、前章で綴《つづ》ったように父から昭和的家父長制の圧力をあまり感じなかったのは、祖父母の性格が一因だったのかもしれない。

その祖父・昇は、昭和六十一年、私が六歳の時に亡くなった。チャレンジャー号爆発事故の同年として、私の中ではなぜかあの爆発映像と共に記憶している。

三　それなんて朝の連続テレビ小説

暴れ牛との戦い方

道東の夏の夕方は涼しい。三時頃になるとそよそよと涼しい風が吹き、日中の暑さから解放されて、人間も乳牛もふっと楽になる。

ちょうどその時間帯、我が家では牧草地に放牧に出していた牛を牛舎に集める頃合いだ。作業としては、「牛追い」と呼んでいる。私も小学校に入った頃には当然のように牛追いに出ていた。

だがしかし、涼しくて動きやすくなるのは哺乳類だけでなく虫も同じのようで、昼間は草陰に身をひそめていた蚊やアブが獲物を求めて飛び立つのだ。

お陰で牛追いの際、牛は尻尾をブンブン、人間は木の枝をブンブン振り回して虫と戦いながら移動する羽目になる。

蚊はまだしも、アブの中には黄色いアカウシアブという体長二、三センチほどになる大きな種類もいて、もちろん刺されると痛い。大の大人がギャッと言うほど痛い。思わず牧場内のアブ全てを殲滅《せんめつ》したくなるほど痛い。

人間でさえ狙われるのだから、巨体、しかも肌を守る服などなく全裸な牛などアブの恰好《かっこう》の標的になってしまう。虫害がひどいとストレスで乳量が減ったり、イライラしたりするのだ。

ただでさえ牛は発情期が来ると気が荒くなる上、人間のことを自動エサやりマシーンぐらいにしか思わず、自分の方が強くて偉いと勘違いしている個体もいる。

人間を舐《な》め腐った牛に発情が来て、さらに虫でのイライラが上乗せされたらさあ大変。あろうことか、牛を安全に導いているはずの人間に牙をむく、いや頭突きを仕掛けてくるのだ。

大きいといっても草食動物が？　しかも除角も済ませてあるメスが？　言うてそんな被害はないでしょ、と侮ることなかれ。重ねて言うが、約五百キロの牛肉と牛皮と牛骨と牛脂と牛モツの塊がドーンと自分に体当たりしてきたらどうなるか、考えてみて欲しい。怪我《けが》ですめばまだよし、実際に死亡事故だって起きているのだ。

夏の夕暮れ。人間vs.イライラ度ＭＡＸの暴れ牛。そんな時、人はどうすればいいか。

優しく語りかけて落ち着かせる？　あるいは祈る？　いいえ、こちらに害意を向けている動物に対して、人間ができることなどただ一つ。

――戦うしかないのである。

「ふざけんなオラァァァ！」

今時、ヤンキー漫画でしかお目にかからないような怒号にも意味はある。こちらは本気で怒っている、ということを腹の底から叫んでしっかり示さなければならない。その上で、その辺で拾った木の枝を構える。

そして、頭突きをうまくかわした上で（何せ相手はモーションが大きい）、牛の鼻先をコン、と程よい力で叩《たた》くのだ。

牛同士のケンカでどつかれる痛みからは程遠いような、程よい力がポイントである。暴れ牛でも大事な家畜には違いなく、怪我をさせるのはご法度《はっと》だ。

しかし、牛にとっては、自分より小さな相手がシャーッと怒っている、そして、臆せずやり返してくる、という事実は大きい。

牛は痛みというより驚きから若干冷静になり、「きょ、今日はこのくらいで勘弁してやるんだからっ」とばかりに踵《きびす》を返し、群れへと戻っていくのだ。

皆さんも、もし道のど真ん中で暴れ牛と戦わねばならなくなった時などに、ぜひお試し頂きたい。

さて。私も実家にいた時はこういったのんきな、そして時にバイオレンスな牛飼い生活を送っていた。もちろんうちの家族もだ。

そんな私の祖母が、かつてメイドさんにかしずかれたお嬢様だったというのは、一体何の冗談なのだろう、と時々不思議な気持ちになる。小説のプロットに織り込んだら、編集担当に「組み合わせがミスマッチすぎて読者の気持ちを摑《つか》めません」と却下されるレベルである。

しかし事実は小説よりなんとやら。私の父方の祖母・美津子《みつこ》は、旧満洲ではお嬢様だったそうだ。

薬剤師の祖父とお嬢様の祖母

前章、親戚筋の古文書や過去帳を調べた結果、私の父方の家系はどうやら金沢の武士階級だったことが分かった。

そして、昭和六十一年に七十二歳で亡くなった祖父・昇はもとは前川家に生まれ、藤田家、河﨑家へと二度にわたって養子に入ったらしいということも。

藤田家が残した冊子の情報はここまで。以後、祖父・昇については親戚からの話をまとめていく。

昇は大正三年生まれ、生地は愛媛だったそうだ。もともと跡継ぎが二人続いて戦死した河﨑家に養子に入ったため、戦地に送られることのないよう薬剤師になったと聞いている。

生地がなぜ愛媛なのかは謎だが、学校はゆかりのある石川県のお隣、富山県の富山薬学専門学校（現在の富山大学薬学部）を卒業したそうだ。

そこから前章でも触れた通り、養子に行く前の実家・前川家が持っていた北海道久遠郡上古《くどうぐんうえこ》丹村《たんむら》の土地を売って資金とし、薬剤師として旧満洲へと渡った。その移動が勤め先の辞令だったのか、それとも昇の志によるものだったのかは分からない。

昇は旧満洲の南満洲鉄道系列の病院で薬剤師として働き始めた。そこで美津子と結婚し、私の父たちが生まれた。

美津子の日本での実家は福井にあるとのことで、親戚の口利きで家族で旧満洲に渡り、大連《だいれん》の女学校に通っていたそうだ。当時の校内には、在籍していた今の陶器会社ノリタケのご令嬢が寄贈したという豪華なフランス人形が飾られていたという。お嬢様の世界である。

大連の家もそれなりに裕福だったらしく、海辺に別荘を持っていたり、家にはメイドさんがいたそうである。

メイド。そんな職業名をまさか身内に関する話で耳にするとは思わなかった私は、母づてに聞かされて本当にたまげた。

自分がド庶民どころか畑のど真ん中で暴れ牛と戦う生活をしておきながら、まさか二親等内にメイドユーザーがいたなんて想像もつかないではないか。

美津子は標津町で一九九九年（平成十二）に八十七歳で天寿を全うしている。生前の姿を思い返すと、言われてみれば元ご令嬢というのも頷《うなず》けるような気がしてきた。

年老いてからの祖母の印象はといえば、とにかくおしゃれ好きで買い物好き、という姿だ。牛飼いの家のゴッドマザーでありながら、農作業をする姿は私の記憶にない（もっとも、夫と息子三人の家族のサポートや孫たちの世話だけでも相当忙しかったことだろう）。

身だしなみに気を付け、お気に入りの美容室に欠かさず通っていた。真っ白になった髪を整えてうっすらパープルに染めた姿は、もしかしたら河﨑一族の中で一番のおしゃれさんだったかもしれない。

祖母の足腰が弱ってから名古屋旅行に連れ出したことのある母・弘子《ひろこ》と私の姉の思い出話によると、「百貨店、特に三越が大好き」「大量に買う」「買い物にすごく時間をかける」「買い方がお嬢様」……とのことだ。具体的には百貨店でタオル一枚買うにも時間をかけて吟味し、値段を見ずに本当に自分の気に入ったものを購入するようなスタイルだったそうだ。ファストファッションで試着もそこそこに必要なものだけ速攻で買い物を済ませる不肖の孫代表・私とは正反対である。遺伝子よちょっとは仕事してくれ。

そんな祖母の若かりし頃、昇と結婚したいきさつはシンプルに見合いだったそうだ。ご縁を繋《つな》いだのは旧満洲に渡ることにも関わった美津子の叔父だったと聞いている。

お嬢様学校に通い、メイドさんに身の回りの世話をしてもらうお嬢様が、言ってはなんだがどうして庶民の昇とお見合いしたのだろう。

考えられる理由は結局、「薬剤師なら戦争に行かないだろうから」という点に尽きるようだ。それが当時の空気として頷ける理由だったのかどうかは分からないが、のちに夫婦揃《そろ》って子どもを一人も欠くことなく引揚げてきたことを考えると、結果的に良かったのは間違いない。

朝ドラのような新婚生活

旧満洲がどんな土地であったか。当の祖父母はすでに亡く、フィルムや資料でしか知識を得られないが、昇が薬剤師として仕事をしていた都市部は煉瓦《れんが》造りのモダンな建物が整然と並び、複数の民族が生活する華やかな雰囲気に満ちていた、と聞いている。

昇と美津子の間には昭和十四年に長男・章、昭和十七年に次男・崇《たかし》が生まれている。日本に引揚げ後、一家の力になっていた堺《さかい》の親戚・前川家の話によると、子どもたちのうち、旧満洲で生まれて物心つくまで育った章と崇は、日本語とともに中国語らしき言葉も話していたようだ（当人たちはその後すぐ忘れてしまったそうだが）。

少なくとも、生活圏に日本人コミュニティだけではない交流があったのだろう。昇と美津子が、時代特有の昏《くら》い背景はあれど、多くの日本人が体験したことのない環境で若い時を過ごしたことは間違いない。

さて、縁あって昇のもとに嫁ぎ、河崎姓となった美津子は、新婚早々途方に暮れたそうだ。彼女は米が炊けなかったのである。

これには理由がある。嫁ぐ前の美津子の家にはガスが通っていたが、昇が住んでいた地区は、煮炊きの手段がいまだ竈《かまど》だったそうなのだ。

お嬢様、嫁ぎ先で火の扱いが分からず、お米が炊けない。そのため、しばらくは新婚の夫が炊事をしていたそうだ。

……朝ドラのエピソードかな？　と思うが、（くどいが）私の二親等の親族の話である。

さらに美津子のお嬢様エピソードは続く。

美津子は女学校で、子どもがいかにしてできるか、つまり人間の生殖と夫婦生活についてはきちんと学んでいたとのことだ。

ただ、どうしたことか美津子、「いったん致しておけば放っておいても赤ん坊はその後ぽんぽん生まれてくる」と思い込んでいたらしい。「なんで？」という、新婚当初の昇の当惑の声が聞こえてくるようだ。

……ラブコメドラマかな？　と思ってしまった俗物代表の孫を許して欲しい。とりあえず、おばあちゃん、それ哺乳類じゃなくてアリとかハチの生殖方法だよ、と位牌《いはい》にツッコミを入れておきたい。

ただ、その後、夫婦が四男一女に恵まれたことを思えば、昇はなんとか美津子の誤解を解くことに成功したようだ。そりゃそうだ。じゃないと父（ちなみに次男である）も私もこの世に存在していない。

……なんで小説家の祖父母がそんなベタなことしてるんだ。うちの家系そんなキャラ立ちする一族だったっけ？　などと、孫としては色々思うところもあるが、さらに驚くのはこのエピソードを誰が誰に語ったのか、ということだ。

これらの話を私にしてくれたのは、私の母・弘子と伯父と叔父の妻たちなのだ。

すなわち美津子は、息子の嫁たちに自ら新婚当時のエピソードを話していたのである。

一般的な嫁・姑《しゅうとめ》の関係でそんな話をするものなのだろうか、と世俗に染まり切った私などは思ってしまうところだが、生前のチャーミングな祖母の姿を思い返すと、あのおばあちゃんなら話すかもしれない、と納得もできた。

もちろん母や伯母・叔母たちにも、祖母に対して大小それぞれ悶着《もんちゃく》や思うところはあったことだろう（よめしゅうとめだもの）。

それでも、祖母が故人となった現在、伯母らによって「おばあちゃんってこうだったよねー（笑）」と語られる内容に、恨み節の気配はみられない。大人になった今ますます、それは嫁・姑ともに相性に恵まれた稀有《けう》なことなのだと実感する。おばあちゃん、あなたはやはりゴッドマザーでした。

四児を抱えての引揚げ

夫婦は転勤によりハルビンや牡丹江市《ぼたんこうし》などに居を移しつつ、旧満洲にいる間に章・崇・セツ子・繁の三男一女に恵まれる。章と崇には先天的に心臓の疾患があり、セツ子は生まれつき体が弱かったそうだ。育児だけでも大変であっただろう中、日本は昭和二十年、敗戦を迎える。その年の七月に繁が生まれたばかりのことだった。

昇は薬剤師という仕事ゆえ戦地へは赴かず、夫婦揃っての引揚げとなった。とはいえ、乳児と体の弱い女児を含む子ども四人を連れて混乱の中を長距離移動せねばならない。いくら夫婦二人でいたとはいえ、並大抵のことではなかったはずだ。

そのため、美津子は夫に青酸カリを一ビン頼み、常に自分の懐に入れていたそうだ。何かあった時に自決するために。自決せざるを得ない状況で子どもたちを残すことは考えなかっただろうから、その時には子と共に、と考えていたのだろう。並大抵の覚悟ではない。

引揚げ後に大阪で生まれた叔父・博《ひろし》が美津子から聞いたという話によると、いざ引揚げをせねばという日、美津子は四児を抱えて一人で駅に来ていたらしい。混雑を極める駅の構内で、なかば偶然夫の昇と再会することができ、共に引揚げの道を辿ることができたのだという。

孫としてはぞっとする話だ。もしその駅で祖父母が再会できていなかったら。祖母一人で子どもたちを全員守りおおせた保証はないのだ。

ある程度分別がつく年齢になってから、私は引揚げに関する体験記を幾つか読んだ。

特に、藤原てい著『流れる星は生きている』は強烈に印象に残った。引揚げ当初は夫と一緒だった著者が、夫が強制連行、抑留された後は乳児を含む三児を抱え、文字通り泥塗《どろまみ》れになりながら日本の地を踏むまでの決死行が綴られていた。

また、私が子どもの頃、テレビでは中国残留孤児の帰国事業が盛んに報じられていた。当時、祖父母の過去など知らない子どもの私は「へー」ぐらいの感覚でニュースを見ていた。その隣で父はタバコを吸いながら黙ってブラウン管を眺めていた。余計なことは何一つ言わなかった。

結果だけ見れば、祖父と祖母は幸運だったといえるのだろう。夫婦が揃っていて、子どもたち全員と日本に戻ることができた。藤原てい氏の著作を読んだ後だと、尚更そう思う。

しかし、結果が幸運だったとて、それぞれの苦労はその人だけのものだ。祖父母にしても、何か一つタイミングが異なっていたら、子どもを諦めざるを得なかったかもしれない。私の父やきょうだいたちも、亡くなるか、孤児の運命を辿っていたのかもしれない。

後年、標津で夫を見送った後、息子たちの家族に囲まれ穏やかな生活を送っていた美津子は、息子の嫁たちに中国東北部への旅行に誘われた。もともと機会を作ってはオーストラリアや香《ホン》港《コン》などに海外旅行していたほどだから（そして大量の土産を買ってきてくれた）、旅行そのものは大好きなはずだった。しかし、直前になって中国旅行をキャンセルし、嫁たちだけが中国に渡った。

なぜ突然旅行を取りやめたのか。理由は本人にしか分からないとはいえ、何か思うところがあったのだろう、とだけは想像ができる。

裕福な環境で育ち、そして母となった一人の女性が敗戦と幼子たちを抱えての引揚げを経験しながら何を思ったか。

もっと辛《つら》い思いをした人は何千人何万人といるだろう。それでも、彼女が抱えた苦労や記憶は彼女だけのものだ。幸運と不幸の度合いは後の世の人間が簡単に計れるものではない。語られたことの向こうに、きっと黒々と渦を巻き続けている。もしかしたら祖母も、祖父も、自分の中に黒い渦を持っていた。

大阪育ちの父が関西弁でない理由

昭和二十一年、一家は誰一人欠けることなく日本の地を踏むことができた。その後、堺に居を構えていた親戚にして実家である前川家を頼ったのか、昇は大阪に落ち着くことを選ぶ。大阪府堺市菱木《ひしき》（現・西区菱木）に割り当てられた引揚げ者向けの開拓地を購入し、小屋を建てて住み始めたということだ。

余談となるが、河﨑家のきょうだいは皆、大阪で育ちながら大阪弁のイントネーションがほとんどない。繁叔父のみわずかに関西弁らしきアクセントが残っているだけだ。

なんでだろう、と思っていたのだが、叔父たちの話によると、一家が住んだこの菱木地区は、引揚げ者が集う場所だった。ゆえに周囲に大阪弁を話す人が少なかったそうだ。両親が関西弁を話さなかったことも大きいのだろうが、地域が子どもに及ぼす影響というのは言語を含め大きい。父が関西弁ではない理由がこれで分かった。

大阪だが大阪弁が飛び交わない菱木地区で生活を始め、昭和二十三年、美津子は末子の四男・博を産む。

大阪での生活について、三男・繁と四男・博に話を聞いたところ、それぞれから「実は俺、前川さんから養子にと望まれていたんだよね」という話を聞いて、思わず笑ってしまった。

実は次男である父・崇からも、堺の前川家から可愛がられ、養子に欲しがられていたと聞いたことがあったからだ。

つまり、父だけが親戚から特別気に入られていたというわけではなく、河崎家の次男以降の男児は三人とも、それぞれ養子の話を持ち掛けられていたわけだ。

背景はなんとなく想像がつく。前川家には男児がいなかった。昇とて縁戚の家を継ぐために前川家から河崎家の養子となった身だ。前川家が四男一女に恵まれた河崎家から男子を一人養子にもらおう、と考えるのは当然のことだ。昇にとっては実家存続のために男児を戻す意味合いもあったろう。

それだけではなく、前川家にとっては旧満洲から引揚げてきた子だくさんな河崎家の、決して楽ではない生活を助けるという側面があっての提案だったのかもしれない。

しかし、きょうだいの誰も養子にはならなかった。きょうだいの母・美津子が断固として首を縦に振らなかったからだという。

菱木での、病弱な子を含む子ども五人を抱えた生活は、いくら親戚のサポートがあったにしても楽なものではなかったろう。昇にしても、薬剤師という確固たるスキルがあっても、戦後すぐのこの時期はそれを使って安定した収入を得られる環境ではなく、その後、旧満洲では考えもしなかったであろう手段で家族を養うことになる。

家畜獣医師だった叔父

話は現代となるが、二〇二三年八月末、闘病中であった叔父・博が亡くなった。これで五人きょうだいのうち、存命なのは私の父と繁叔父の二人のみとなった。

博叔父は自宅で療養している間にも、話を聞きに訪れた私に快く当時の話をしてくれた。口がうまく動かず、酸素のチューブを手放せない中で語ることは体力的にも楽ではなかったことだろう。それでも色々なエピソードを語ってくれた。心からお礼申し上げたい。

北海道の十勝《とかち》で家畜獣医師として長く活躍をしていた人だった。叔母の話によると、前年の末まで現場を回っていたそうだ。畜産に携わった者として、獣医師の存在の有難さは骨身に染みている。その意味においても、尊敬する叔父だった。

優しい人だったから、四十九日を終えたら、お浄土で祖父母に「なんかさー、たかっちゃん（崇）ちの一番下の秋子が物書きになったとかで、二人のことを根掘り葉掘り聞いてきたんだよねー」と説明してくれているかもしれない。いや待てよ、これだと私への心象悪くなりやしないか。

ごめん、孫が勝手に仕事のネタにして。崇が寝たきりになった時に十年以上も大変な在宅介護をしたんで、どうか許して下さい、と、今から言い訳しておこう。

それにしても、博叔父が教えてくれたことを含め、祖父母には知られざる話が山ほどあった。おそらく朝ドラの脚本がまるまる一本書けるぐらいだ。もっとも、あの時代を生きた人はみな、それぞれドラマ一本では収まりきらないぐらいの濃密な人生を生きた人ばかりだっただろう。陳腐な言い回しだが、それぞれの人生にそれぞれのドラマがある。しかも、代替のきかない、かけがえのない貴重なドラマが。

私は祖父母にとって一番年若い孫だ。兄や姉たちと違って一人だけ別海に引っ越してから生まれたので、接点も少ない。このように祖父母の話を掘り起こしながら、祖父母のことを最も知らない孫でもある。

仕事のためだけでなく、もっとおじいちゃんおばあちゃんの色々なドラマを知りたかったなあ、と、四十路《よそじ》を過ぎた今、やり場のない後悔をしている。

四　もう時効なので語れる話

猫に話しかけていた父

犬派・猫派で言えば、私の父・崇《たかし》は圧倒的に猫派だ。

牛の飼料を狙うネズミ対策のため、昔は牧場と猫は切っても切り離せなかった。今は法律で畜舎に犬猫を入れてはいけないが、父が病で倒れるまでは、牛舎では常に数匹の猫がわが物顔に闊歩《かつぽ》していた。

牛舎のみならず家の茶の間でも自由奔放、河﨑家のストーブの真正面は彼らの特等席で、冬になると数匹がとぐろをまいていた。そして、家長である父の指定席はソファーの端のストーブに一番近い側だ。そのため、父はしょっちゅう猫たちとイチャイチャしていた。

中でも父が特に可愛がっていたのが、キジというキジ白のメス猫だ。誰が教えたわけでもないのに、人の言葉に返事をする癖があった。

そのため、父はストーブ前でまどろむキジに向かって、

「キジ〜」

「ニャ〜」

「キジはばかだな〜」

「ニャ〜」

「うそだよかわいいな〜」

「ニャ〜」

という猫バカまるだしのやり取りをしていたのだった。

娘の私は半ばあきれてその様子を見ていたが、母はそれに輪をかけて（うわあ……）という顔をしていた。相当である。

その母の話によると、キジがある日突然病死してしまった時、父は亡骸《なきがら》の前からしばし離れなかったそうだ。

そんな猫好きの父は、かつて猫を殺した時のことを私に語ったことがある。

昭和二十一年、父・昇、母・美津子、兄と弟妹、六人で旧満洲から大阪に引揚げてきた崇は、引揚げ者を対象に開拓地として分譲された菱木地区に腰を落ち着けた。そこで崇は高校卒業まで過ごすことになる。

まだ食糧難著しい戦後期、昭和二十三年には末子の博も生まれ、一家七人の暮らしは楽なものではなかったであろうことは前章で綴った。

そんな中、父は近所の年老いた女性に頼まれ、彼女が持て余したのか、棲《す》み着いたと思われる子猫を袋に入れ、池に沈めたことがあるという。

今なら動物虐待として、父も頼んだお婆《ばあ》さんも法律違反に問われるだろう。時代の差を感じるが、少なくとも当時実際に父が行ったことだ。

「お父さんはそれが嫌で嫌で仕方なかった」

父はそう言った。そうだろう。いくばくかの小遣いか菓子かを与えられ、小さな子猫の命を絶つ。のちに酪農家となり、牛の命を育てること、死なせることまでも仕事としながら、またそれとは種類の違う死だ。父にとっては決して忘れられない記憶だったのだろう。

十数年前、崇は息子に経営を譲った後、脳卒中で倒れた。高次脳機能障害が残ると医師から宣告され、最初の半年は病院のベッドで意識もおぼろげな状態が続いた。

私たち家族は父の意識を繋ぎ止めようと必死だった。ベッドの上で日に日に痩せていく父のもとに毎日通い、声をかけ、父が好きなベンチャーズの音楽をイヤホンで聞かせ続けた。

私は触り心地が本物の猫そっくりのぬいぐるみを持ち込み（ちなみにそれは私が実家を離れた学生時代、猫恋しさに買ったものだった）、父の手元に置いた。たった数週間で小枝のようになった父の指は、かつてキジを撫《な》でたように、猫の頭の形をなぞり続けた。

その後、リハビリを経て退院した父は寝たきり状態で自宅療養を続けた。デイサービスに送り出す際、車椅子に近づいてきた猫たちを膝に乗せると、本当に嬉《うれ》しそうな顔をして撫でていた。

記憶も自我も、大半が血流を失った脳細胞と一緒に死んでしまって、それでも父の好きなものは消えなかった。

今となっては、それが数少ない救いだった。

ヤギと鶏がいる暮らし

菱木での生活は、苦しいながらも一家で生きるために様々な試行錯誤をした時期だったらしい。

薬剤師だった祖父・昇はすぐに薬剤師として再就職できる状況でもなく、まず生きる糧を求めて手を尽くした。菱木の土地はある程度の広さがあったので、畑を作り、モモ、スイカ、ブドウを作って売ったそうだ。

当時の話や文献を紐解《ひもと》いても、日本国内の食糧難は戦時中よりむしろ敗戦後の方が酷《ひど》いものだったという話をよく聞く。育ち盛り食べ盛りの子どもが五人。祖父母は大変な思いをしたことだろう。

その頃に育った年代の人の多くがそうであるように、私の父もカボチャとサツマイモが嫌いだった。割と好き嫌いが多めの父ではあったが、その二つは特に頑として口にしようとしなかった。

私がパンプキンプリンを作っても、父は絶対に食べないため、それとは別に普通のプリンを作らねばならなかったほどだ。

そういえば、叔父たちから畑を作った話を聞いて、思い出したことがある。元気だった頃の父は、モモとスイカの目利きが達者だった。いずれも北海道東部では育たない作物だから自分で作ることはしなかったが、スーパーでスイカを買う時は、いつも父が買い出し役に回った。

私もスイカを買う際に同行した覚えがあるが、父は慎重にポンポン、ポンポンと軽く叩いて（商品なのでごく控えめに）、「これがいい」と一玉を選び出すのだ。私には音の違いがまったく分からなかったが、父が選んだスイカは間違いなく甘くて美味しかった。

菱木での生活は人間がいただけではない。ヤギや鶏も飼っていたそうだ。ヤギは乳を搾《しぼ》ってヤギ乳を売っていた。ヤギは乳牛よりも小型で飼いやすく、体格の割に泌乳量も多い。さらに牛乳よりも人間の母乳の成分に近いので、乳児用に求める人がいて良い現金収入が見込めたのだろう。

実際、私が農業の道に進んで羊やヤギの勉強をしていた時、父と同年代の人から「昔はうちもヤギ飼ってた」「自分は母親の乳が出なかったのでヤギの乳で育った」という話をよく聞いた。

羊もそうだが、ヤギが日本人の生活に身近だった時代があったのだ。その後、北海道に居を移して牛飼いになる、と祖父と父らが決断した下敷きにこの頃のヤギがいたかもしれない、というのは憶測がすぎるだろうか。

鶏の方は、卵の他、年の瀬が近くなってくると廃鶏の肉も売っていたらしい。前に触れた、父が鶏の絞め方や解体方法を知っていたのは、ここに由来する。

当時は実際の解体などは祖父・昇が行い（もしかしたら薬学を学んだ際、解剖実習などで覚えたのかもしれない）、父は兄弟たちと事前にご近所を回り、「この家はモツとモモ肉、あそこの家はガラとムネを二羽分」などと注文を取っていたそうだ。たくましいものである。

考えてみると、私も実家で年末に廃鶏を絞めると、お雑煮に鶏ガラを使うというご近所におせっせとお届けしていたので（さすがに売ってはいない）、父世代と同じようなことをしていたわけだ。

きわどい葡萄酒《ぶどうしゅ》

河崎家の子どもたちも中学生ぐらいになると、川沿いの木にいるカブトムシを獲《と》り、海水浴場に行って売っていたそうだ。叔父の記憶によると、今に換算すると値段はメス五十円、オス百円。叔父の感覚で、ということかもしれないが、どちらにしても元手がタダで売るにしてはけっこうボッタ……いやなかなか強気の値段設定のような気がする。

なお、私の実家である別海の牧場でのこと。子どもの頃、寒冷な北海道ではさすがにカブトムシはいなかったが（最近は外部から持ち込まれたカブトムシが温暖化で定着しているらしい）、クワガタは沢山いた。

しかもかなり大きなミヤマクワガタ。それが夏の夜になると水銀灯の光に吸い寄せられたのか、住宅の壁にペタペタと張り付いたり、湿った芝生の上をノソノソ移動していたりするのだ。懐中電灯の光を当ててるとキラッと光るのですぐ分かる。

私の長兄は小学生の頃、そのクワガタをせっせと獲っては友達に売っていたらしい。兄の販売価格はごくささやかなものだったようだが、血は争えない、というのが率直な感想だ。

それとも血にかかわらず、男児はでかい昆虫を捕まえたら売りたくなる遺伝子でも組み込まれているのだろうか。まあ、カブト・クワガタのツノかっけー！　という感覚は男児どころか男性が皆抱くものなのかもしれない。

　話がそれた。旧満洲から引揚げてきた時は非力だった河﨑家の子どもたちも、成長するとこうして食いぶちを稼ぐ大事な戦力となったようだ。

　海水浴場ではカブトムシのみならず、スイカ、餅なども売っていた。その他、昇の薬剤師としての知識を活《い》かし、かき氷のシロップも自分の家で作って売っていたようだ。

　昇の薬剤師スキルの活用はそれだけではない。もうとっくに時効、ということに甘えて叔父たちから聞いた話を打ち明けると、どうやら酒の密造に手を出していたとのことだ。確かに薬剤師ならアルコールの扱いや酒造の基礎知識などもあったのだろう。

　叔父・繁などは「俺らは闇焼酎のお陰で学校に行けた」とまで言っていたので（多少の誇張はあるかもしれないが）、生計のかなりの部分を酒の密造で賄っていたと思われる。

　もちろん現代でも、当時でも法律上はアウトだ。自家醸造自家消費ならともかく、売って家計の足しどころか家計のメインにしていたのなら、結構きわどい橋を渡っていたのかもしれない。

　ただ、終戦直後という昔の話であること、当時の混乱期に引揚げ家族全員が生き延びねばならない状況だったということで、致し方なかったのだろう。

ちなみに父の家系はどちらかというとアルコールに弱く、本来あまり量を飲むことができない（私に至ってはビール一杯が上限のド下戸《げこ》である）。

昇も本来は下戸であったものが、密造酒を売る際にはさすがに味にも気を遣わねばならず、味見をしているうちに慣れて飲めるようになったそうだ（そこから前に書いた焼酎のウイスキー割りである）。

モモやスイカの他にブドウも作っていたということは、葡萄酒の密造もおそらくやっていたのだろう。思い返すと、前川家の親戚から以前聞いた話で、昔の家を壊す時に床下からいつのものか分からない葡萄酒が出てきて、味見したらとてつもなく美味しかった、というエピソードがあった。

今思えば、壊す家というのは河崎一家が暮らした菱木の家、そして出てきた葡萄酒というのは昇が密造したものではなかっただろうか。

私は体質的に多くは飲めないけれど、おじいちゃんが造ったとてつもなく美味しい葡萄酒、ちょっとなめてみたかったなあ、という気もする。違法のブツだけれども。

三つ上の兄が同級生に

こうして時に（？）グレーな手段で昇が必死に生活の糧を得る中、旧満洲で生まれた子どもたち四人と菱木に移ってから生まれた末子の博、五人の子どもたちはすくすくと成長した。

……と言いたいところだが、実際のところは必ずしもそうはいかず、大変だったらしい。

ただ一人の娘・セツ子は生まれつき体が弱かった上、長男・章は幼い頃に脳膜炎を患い、しかも次男・崇ともども心房中隔欠損症の診断を受けている。

章は病の療養のため数年遅れて就学し、崇と同学年として学校に通った。

私の母が崇から聞いたところによると、兄が同級生になってしまったことについて、崇は「友達をとられて嫌だった」と言っていたらしい。

確かに小・中学生の頃に兄貴が同じ学年だったなら、色々と思うこともあっただろう。時代と家庭の背景を考えると、父母がなにかしら長男に期待をかけ、優遇したということがあってもおかしくはない。ただでさえ兄弟というのはいくら血が繋がっていても父母よりは他人に近い存在だ。わだかまりがまったくない、ということの方が珍しい。

とはいえ、娘の私から見ると大人になり家庭を持った章と崇はそれなりに仲が良さそうに見えた。年末年始には兄弟で雀卓《ジャンたく》を囲んだり、パチンコ屋で会って一緒に打ったりもしていた。

なにより、ともに酪農家を志し、同じ大学に進学して一緒に牧場を開いていたのだ。完全円満、とまではいかなくとも、共に同じ事業を試みる程度には仲が良かったのだろう。

ガーデニング男子高校生

幸い章も崇も病で重篤な状態になることは免れたようで、成長し、大阪府立鳳《おおとり》高等学校に入学した。生年月日から逆算して昭和三十三年と思われる。

鳳高校は、現代の便利なアプリ・Google マップによると菱木地区からは徒歩で二、三十分というところ。便利なサイト・Wikipedia によると戦後間もなく男女共学になっている。

ジブリ映画の『コクリコ坂から』は昭和三十八年を舞台にしているそうなので、年代のイメージとしてはその数年前、ということになる。

ちなみに昭和二十一年生まれの私の母・弘子《ひろこ》は『コクリコ〜』のヒロイン・海《うみ》と同い年だ。本人曰《いわ》く、共学になったばかりの高校で女子が少なかったため、モテてモテて大変だった、とのことである。他のきょうだいと別の高校に進学したため、叔母たちに聞いて真偽を検証することはできない。

高校生だった崇にも当時甘酸っぱいアレコレがあったかどうか、本人の口から聞いたことはないし、叔父たちも何も言っていなかったのでまったく分からない（いや娘としては別に知りたいわけでもないのだけれど）。

恋愛事情はまったく不明なままだが、部活は意外なことに歴史関係の部と園芸部に所属していたそうだ。章も植物が好きだったとのことで、二人で菱木の家の周りにせっせと花の苗を植えていたらしい。

そして、住宅地にはあるあるの話かもしれないが、育てた草木が立派に育てば育つほど、近所の奥様方から「分けてくれない？」としばしばねだられていたそうだ。

叔父曰く、「たかっちゃん（崇）は、それがすごく嫌だったらしくてねえ。でも断るわけにもいかないし」。

まあ確かに、ご近所付き合いを考えるとなかなか嫌とは言えまい。おまけに、父はどちらかというと「ええかっこしい」で体面を気にするところがある。嫌々ながらも花を分けてやっていたのだろう（その「ええかっこしい」でいることが、引揚げ者が少しでも安定して生きること、戦後の生活を整えることに必要だったのではないか、とも、今となっては思うのだが）。

それにしても……男子高校生がせっせとガーデニング……？　いやそれより、あの父が？

叔父から園芸部の話を聞いた時、私はなんだか腑《ふ》に落ちなかった。確かに父は移動販売の花屋さん（私が子どもの頃、花屋さんがワゴン車いっぱいに鉢植えを載せ、不定期で農家に売りに来ることがあった）から鉢植えを買うこともあったが、園芸好きはむしろ母の方であり、母がせっせと花壇や庭の手入れをしても、進んで手伝おうという様子はなかった。せいぜい、芝刈り機でムイーンと芝刈りをするだけである。

別海の家の周りにはテニスコート一面は余裕で入るぐらいの芝生がある。いくら越して来た当時は元気な子ども三人がいたとはいえ、ちょっと広すぎる。今思えば、あれは父の要望による広さだったのかもしれない。

お陰で手入れがなかなか大変だったのだが、父は押すタイプではなく乗るタイプの大きな芝刈り機を使い、割としょっちゅう手入れをしていたように思う。

そして芝刈り機の後部バッグにたまった芝を畑の隅に山のように積み、嬉々《きき》としてそこに火をつけて焼き芋を焼くのだ。それを「おいしいだろう、おいしく焼けただろう」と楽しそうに子や孫に食べさせた。自分は戦後の食糧事情のせいでカボチャもサツマイモも絶対に口にしようとしなかったにもかかわらず、だ。

農業を勉強したいという若い人がいればすぐに実習生として受け入れ、遠方から知人が遊びに来ればすぐにカヌーに乗せ、嬉々として炭を熾《おこ》して焼き肉でもてなした。人を楽しませること、美味しいものを食べさせることがとにかく好きなようだった。あの妙なまでのサービス精神は、一応父の美点と言ってもいいものではなかったか（まあ、焼き芋は美味しかったし）。

話を戻そう。そんなわけで、私の知る限り、父は芝生以外の草木にはそれほど興味がないようだった。趣味や興味が時間と共に変わることはままあるとはいえ、父の草花好き、ちょっとは残っていてくれたら母の農村ライフも楽になったろうにな、とちょっと残念だ。

インターセプトが得意？

叔父らに父が高校生だった頃の話を聞いて、少しがっかりしたこともある。父が娘の私についていた嘘が露呈したのだ。嘘、というか見栄だろうか。

父は元気な頃、テレビでスポーツ観戦をするのが好きだった。サッカー、野球、モータースポーツなどなど。

その中で、衛星放送でＮＦＬ（アメフトのプロリーグ）がしょっちゅう放送されている時期があり、父は熱心に試合を見ていた。推しのチームは４９ｅｒｓ《フォーティナイナーズ》（ちなみに私はペイトリオッツ推し。カンファレンスが分かれているお陰で父娘《おやこ》ゲンカはなかった）。

そしてある時、試合を見ながら意外なことを口にした。

「お父さんもな、高校の頃、アメフト得意だったんだよ」

「へえ！」

意外に思いながらも、私は特に疑わなかった。どちらかというと背が小さく細めの父ではあるが、アメフトもラグビー同様、ポジションによってはさほどマッチョではない選手もいる。

「高校でアメフトの授業があってな。ポジションはタイトエンドで、こう、ボールもって逃げる選手を待ち伏せてひょいっとボール奪うのが得意だったんだ」

「インターセプトが得意⁉　お父さんすごいじゃん！」

「アメフト部に助《すけ》っ人《と》頼まれたり、大変だったよー」

などという会話をし、優しくかつ単純な娘である私は、「とーちゃんすごいね！」と素直に賞賛した。当時のアメフトの普及度がどれぐらいだったかは知らないが、アメフトが盛んな高校なら授業で行ってもおかしくないな、という雑なイメージも納得に拍車をかけた。

……ところが、である。

本稿で父の青春時代を知るために叔父・繁から話を聞いたところ、

「いや、それはない」

アッサリと否定されてしまった。

曰く、父は患っていたとされる心房中隔欠損症のため、激しい運動はしていなかったということだ。言われてみれば、確かにそうだ。なんといっても心臓の病気だ（なお、大人になってから検査し直したところ、痕跡もなく治っていたそうなので、そもそも誤診だったのでは？　という疑いもあるが）。

体育の授業でアメフトをやったり、運よく好プレーをしたことぐらいはあるかもしれない。しかしそれは、父がアピールしたかったであろう「インターセプトもキメちゃうかっこいい俺☆」の姿とはかなり異なる。

別に騙《だま》されたというわけではないが、父のささやかな見栄にまんまと乗せられたような気はする。

その辺、ちょっと本人に問い質《ただ》したい気持ちはありつつ、娘にまで「ええかっこしい」をしたかったのかなあ、と思うと「しょーもなー」という苦笑いの一つもしたくなる。

幸い、新型コロナが下火になり、父が現在お世話になっている介護施設でも、ようやく家族の面会が平常化した。私もこの原稿を書いている今週末（二〇二三年）、二年ぶりの対面を果たす予定でいるので（本人が認識できる状態ではないにせよ）、この件について蒸し返してやろうかと思っている。

五　ご先祖の足跡求め金沢へ

先祖を探しに

私の父方の先祖・藤田家を調べ、どうやら加賀藩年寄役、加賀本多家に仕えていたようだ、という話は本書の最初のあたりで綴った。藤田家の直系が記録を残してくれていたのと、古文書を読み解いて下さった専門家の方のお陰だ。

そこで、祖父や父が旧満洲から大阪、そして北海道へと渡って酪農家になった経緯を調べつつ、実際にご先祖が暮らした地を見てみようと、この秋（二〇二三年）、金沢に行ってみることにした。

最大の目標は、金沢市内にあるという藤田家の墓所に参ること。幸い、藤田家系譜を記した冊子には、「大円寺《だいえんじ》」という名が残されていた。

文明の利器・インターネットでポチポチッと調べてみたところによると、金沢市内に大円寺という名のお寺は一つしかない。よし、まずは行動あるべし。決して、ズワイガニやのどぐろや金箔《きんぱく》をまとったソフトクリーム目当てではない。ご先祖の足跡探しである。

新千歳空港から小松空港まで飛行機で一時間四十分。そこから金沢駅までバスで四十分。意外とスムーズに到着した。

折しも秋にしては暖かい行楽日和。市内はどこもかしこも観光客でごった返していた。外国人も多く、おそらく新型コロナ禍前の賑わいを取り戻しているのだろうなあと思われた。

市内は観光都市らしく、名所を効率よく回れるように巡回バスや一日フリーパスが充実していて散策しやすい。目的地である大円寺にも、駅前のターミナルからスムーズに辿り着くことができた。

周辺を歩いていて、驚いたのは寺院の密集具合だった。川沿いにある寺町は十メートルも歩けば大小さまざま、宗派もそれぞれの寺に出くわす印象だ。

各寺院の入り口にある共通デザインの説明看板を見ると、ほとんどが他の地域からこの区域に移動してきたとある。

この辺りの事情は、忍者寺の別名をもつ妙立寺《みょうりゅうじ》の見学ツアーに参加して分かりやすい説明を受けることができた。

江戸時代初期、有力な外様大名である前田家は常に幕府によって取り潰される可能性があった。そこで、城を攻めるには難所となる川の対岸に寺院を集めて備えたというのが寺町成立の理由の一つ、とのことである。

妙立寺は有事の際に外敵の襲撃に対応できるよう、金沢城に通じる（と言われる）地下通路をはじめ、落とし穴や隠し部屋などの細工が施されている。その数々の仕掛けゆえに忍者寺と呼ばれているそうだ（なお、本当に忍者がいたわけではない、とのこと）。

からくりの巧みさもさることながら、その背後にある前田家の当時の事情も含め、非常に興味深かった。忍者寺見学ツアー、金沢に来たら是非おススメである（なお予約が必要で、すごく混んでいる人気のスポットだ）。

大森南朋《なお》さんの先祖と同僚？

さて妙立寺から今回の最大の目的地である浄土宗・大円寺は徒歩圏内にある。こちらは住宅地の間に落ち着いた佇《たたず》まいで建っていた。さっそくご住職にご挨拶し、藤田家のお墓は確かにあると確認した。許可を頂き、敷地内の墓地に入ると、藤田家と刻まれた墓石が四基。

うち三基は同じ質感の墓石なので、古いお墓を後から祀《まつ》り直したものなのかもしれない。刻まれた文字はほぼ読めない。

残り一基は、比較的新しいもので、昭和期の当主の名前が刻まれている。間違いない。ご先祖のお墓だ。私は神妙な気持ちで手を合わせた。

ご住職の話によると、もう何年も墓参りに来る人もいないらしい。藤田家の本家は絶家になっているので、それも致し方のないことだろう。

お寺側がお墓の整理をしたい旨を官報に載せたが反応がないので、いずれ合葬という形にして墓石も撤収するそうだ。直系の子孫ではない私が口を挟めるものでもない。せめてもとご住職に僅《わず》かな線香代をお渡しして、私は寺を後にした。

翌日、私は石川県立歴史博物館に隣接する加賀本多博物館へと向かった。藤田家のご先祖が仕えた本多家の博物館である。

加賀本多家は八家《はっか》と言われる重臣八家のうちの一つだが、独立して一つの博物館が設けられているあたり、有力な家だったのだろう。実際、石高五万石。小さめの大名レベルである。展示されている鎧《よろい》や武具も非常に美しく、保存状態の良いものばかりだった。

刀剣が並んでいるコーナーでは、若い女性グループが専門的な内容をすごく早口で語り合っていた。おお、これが刀剣ブームってやつか、と道民の私には目新しい光景だった。色々なコンテンツの魅力が再発見されるのは良いことだと思う。

見学後、受付の方にダメ元で「どうやら先祖が本多家の家臣だったみたいで……」と申し出ると、ありがたいことに館長さん（加賀本多家の現ご当主！）に少しお話を伺うことができた。

持参した藤田家の冊子にある過去帳を見て頂くと、間違いなく加賀本多家の最初期からの家臣だろう、とのことだった。

館長さん曰く、ＮＨＫの「ファミリーヒストリー」で俳優・大森南朋さんのご先祖も加賀本多家の家来だと判明したそうだ。ほほう、私のご先祖と大森南朋さんのご先祖が同僚だったのか……と何となく嬉しくなったミーハーな私を許して欲しい。

博物館は兼六園や金沢城公園の近くにあり、金沢の歴史を知るには絶好のロケーションだった。天気も穏やかで、ちょうど催されていた文化イベントに観光客も地元の人も楽しそうに参加していた。

土地が実り豊かで治政が安定し、文化水準が高い。なんとなくだが金沢の雰囲気の良さを肌で感じることができた。

もともと、生まれも育ちも北海道である私からすると、瓦屋根や竹林を見るだけで「おおー日本だ日本だ」とテンションが上がるのだが（北海道は一部を除き竹は生えないし、雪と寒冷のため瓦屋根もほとんどない）、実際に先祖が生きていた地を歩き、「もしかしたら自分のご先祖もこのからくりだらけのお寺でお供していたのかもしれない」「このお寺まで足を運んで身内の供養をしていたのだ」「お城が建つこの場所から街を見下ろしていたのだろうか」などと思うと、不思議な感慨が湧いた。

北海道はご存じの通り和人の古い城や遺跡は少なく、もともとはアイヌなど他の先住民族の土地だ。いわゆる教科書的な「歴史」というものからは距離をおいた地だと、住んでいる私は認識している。

しかし、無いと思っていた自分の遠い根が確かにここに繋がっていたのだ、と思うと変に安心したような、むずがゆい気持ちになった金沢行だった。


ガラス、瑪瑙《めのう》、石英《せきえい》……


さて、遠い先祖の足跡を確かなものとして確認したところで、父や祖父、近い身内のことに戻ろう。

家業が酪農、しかも家族経営という私の実家は、基本的に休みがなかった。

現在こそ酪農ヘルパー制度が充実して、事前に申し込みをしていれば家族で宿泊旅行にも出られるが、私が子どもだった昭和五十年代から昭和の終わりにかけては、酪農家というのは基本的に休みはなく、私には家族そろって泊まりがけで旅行に行った経験はない。

家族旅行といえば必ず日帰り、しかも朝の搾乳が終わってから夕方の搾乳時間まで。最大リミットは八時間程度。かなり厳しい条件である。

そんな中で、一つの記憶がある。おそらく学校の社会見学か何かで訪れた先だったと思うのだが、私は太平洋岸の砂浜で、綺麗《きれい》な石を沢山拾ってきた。

帰宅してからテーブルの上にそれらの石を広げてホクホクと眺めていると、父はそれを一つ一つ手に取って、これはガラス、これは瑪瑙、これは石英、と細かく分類を始めたのだ。

こんなに詳しいなんて、父は石が好きなんだな、と私は思った。家には父が母の実家である根室の岸壁で見つけたという木化石（木の化石）があったし、後年メキシコの水晶洞窟発見！というドキュメンタリーを見ては、「一生に一度でいいからこんなの自分の目で見てみたいなあ」と言っていた。

私がパソコンを使うようになると、鉱石の本や鉱物用ライトを父に頼まれて通販で取り寄せることもあった。牧場の経営を長兄に移譲してからは、コンパクトカーで車中泊をしながら糸魚川《いといがわ》に翡翠《ひすい》を探しに行きたい、とも口にしていた。

なので私は、父は昔から鉱物好きな人なのだろうと思い込んでいた。

しかし、叔父の繁に父が若かった頃の話を聞きに行ってみると、父が石好きとは聞いたことがない、と言うのだ。

中高生までの父は、同じ土に埋まっているものでも石ではなく遺跡が好きで、学校で歴史系の部活に入って遺跡掘りに出かけていた、とのことだ（むしろ鉱物については繁叔父が愛好していて、話を聞いた折に見事な木化石やアンモナイトの化石を頂戴してしまった。叔父さんありがとう）。

繰り返しになるが、北海道は縄文期やアイヌ文化の遺跡以外、本州と比べて寺やら城やらの遺跡は少ない。自分の人生を方向付けるほど好きではなかったということかもしれないが、遺跡好きの少年がそういったものがほとんどない北海道に移り住む覚悟をするというのは、小さくない決意のような気がした。

それにしても、鉱物好きと思っていた父がもともとはそれほどでもなかった、というのは、娘の私からすると少し驚きだった。私が見ていた父としての河﨑崇と、実際の河﨑崇は、少しだけ違うのかもしれない。

父の鉱石好きについて、今本稿をしたためていて、気づいたことがある。

叔父の知る少年時代の父は確かに石にあまり興味を抱いていなかったかもしれない。しかし、北海道に渡り、家族を得てから、鉱物を好きになったということも十分ありうるのだ。

私にとっては父はあくまでも父で、私が生まれ落ちたその時からあまり人間的な変化はないようなイメージを無意識に抱いてしまっていたが、冷静に考えれば私が生まれた頃の父はまだ三十代、いや何歳の大人であっても、新しいもの、未知のものに興味を抱くことなんて普通にあって然《しか》るべきなのだ。

私自身、四十代になって無意識に守りの姿勢というか、変わらないでいることに重きを置くようになってしまっていると自覚していたので、父の興味については少しハッとした。何歳であっても趣味は変わっていいし、新たに何に興味を抱いたっていい。当たり前のことに、今さら気づかせてもらった気がする。

なお、父が分類してくれた海岸の小石を私はまだ持っている。いずれ先祖の墓石のように思い出す者がいなくなるものだとしても、少なくとも私が生きている間は、手放す理由はない。

父が北海道へ移住した理由

一家の大黒柱だった祖父・昇は親戚の伝手《つて》で尼崎《あまがさき》の病院に薬剤師としての職を得ていたが、長男・次男が高校を卒業する頃にはもう北海道に行って戦後開拓を担ってみたい、と思っていたらしい。

そう、本書のタイトルである「父が牛飼いになった理由《わけ》」は、端的にいえば「祖父がそう望んだから」という短い答えでまとめられてしまうのだ。

旧満洲から一家全員で命からがら日本に帰って、戦後の混乱期は時に密造酒まで造って家族を養い、その後やっと本職である薬剤師の仕事を得たというのに、祖父はなぜわざわざ北海道の、しかも農家になりたがったというのか。

自分と同じように旧満洲から引揚げながら、より過酷な運命を辿った農家の人たちのことも当然見聞きしていたことだろう。それでもなお、やっと得た安住の地からなぜ北海道に移り、しかも牛飼いをやりたいと思ったのだろう。

聞いてみたくとも当人も人生を共にした伴侶もすでに亡く、叔父たちに聞いても確かなことは分からなかった。

しかし昇の北海道入植という夢に賛同し、子どもたちは進路を決定していくことになる。

河﨑崇が牛飼いになるかなり前、高校生の時に植物が好きだった（そして牛飼いになった後の崇は特別植物好きには見えなかった）という話は前章で綴った。

進学については、当初はその興味を活かした進路を希望していたらしい。実際に園芸科がある四国の大学に願書を出し、入学試験に赴いたそうだ。

そこで見たものは、のどかな田園風景に溶け込むようにして建っていた校舎だという。

そこで崇は、試験を受けずに引き返して大阪に戻った。そう、志望校の環境があまりに田舎だったため、受験を取りやめたというのだ。

何やってんの父ちゃーん！　と、娘としては強めのツッコミを入れておきたい。今のようにオープンキャンパスもない時代、実際の学校が理想と違ったからといって面食らうまでは分かるのだが、あまりに田舎だから受験をやめたというのは本当にどうなのそれ、と思う。

もっとも、もし父が四国の大学を受験して受かっていたならば、北海道に来ることもなく、私も生まれていなかったことを考えると複雑な気持ちにはなる。

結局、父は兄・章と同じく、北海道は十勝地方にある帯広畜産大学（略称・畜大）の別科に入学した（当時の畜大も帯広の街の外れで、相当ひなびた景色だっただろうに）。

いずれ北海道に移住して農家になるという祖父の先遣隊的な立場だったのだろうか。父親の夢に賛同して自分の将来を決めるぐらいだから、それなりに仲の良い家族だったのだろう。生前の昇の姿を思うと、息子たちの将来を命令するような人間とは思えないし、父や伯父・叔父たちも父親に命令されて諾々と受け入れるタイプでもない。

その後、弟の繁、博も同じ畜大に進学したので、五人きょうだいのうち男子四人全員が畜大に入学したことになる。仲良しか（いや、とても良いことなのだけれど）。

博は歳《とし》が離れていたうえ、獣医学部に入学したので年代は少しずれるが、章・崇・繁と、兄弟三人が近い時期に同じ大学にいたのは、さすがに目立ったようだ。

後の世代で、私の長兄と姉も畜大に進学することになったのだが、兄は面接の時に面接官から「あれっ、もしかしてお父さんも卒業生?」と言われ、その後しばらく身内ネタで盛り上がったまま、面接が終了したらしい。まあ、合格しているのだから、兄の筆記と印象は悪くなく、かつ父親世代の河﨑ブラザーズが悪名を馳《は》せていたわけではない、ということだろう。結果オーライ。

北海道の大学で覚えたもの

ともあれ、親元を離れ、大阪から遠く北海道で青春時代を過ごすことになった河﨑兄弟らは、箍《たが》が外れたのかそこそこフリーダムに過ごしていたようだ。割と今でも北海道の地方大学に進学した道外出身の学生あるあるだ。

まずタバコ。これについては長兄・次兄に続いて畜大に入学した繁は、「あの真面目な兄貴たちが」と相当驚いたそうだ。

この喫煙癖は結局、父が脳卒中で倒れるまで続くことになった。ニコチンとタール量の多いタバコを一日一箱。家でも農作業中でもスパスパと吸い、健康診断前や公共交通機関で吸えない時間が長くなると、傍《はた》で見ていても明らかに不機嫌になっていた。

私が小学生の頃剣道教室に通っていた時、父は迎えに来た帰りにタバコ屋で車を停《と》めては、「ハイライト、ワンカートン買ってきて」と私に買いに行かせたものだ。令和の今では子どもにタバコを買わせることなど考えられない光景だろう。

私はお釣りでジュースや駄菓子を買っていいと言われていたから、嬉々として小さなお使いを喜んだ。今考えると、親の不健康に加担していたようで、少し気が咎《とが》める。

父は十五年前に病に倒れ、記憶や自我と共にタバコへの執着もきれいさっぱり忘れてしまったけれど、脳卒中がなければタバコの吸いすぎでとっくに大病になっていたのではないかと私は疑っている（ちなみに、医師の説明だと、父の場合は脳卒中の原因に喫煙は直接関係ないそうだ）。

河崎兄弟が大学で覚えたのはタバコだけではない。パチンコもである。大学の講義や実習がない時は兄弟でひたすらパチンコ屋に通い、当時の大学関係者によると「河崎兄弟の誰かに用がある時はパチンコ屋に行けば誰かしら見つかる」とのことだ。

こちらの趣味も父は病で倒れるまで愛好し続けた。時々、髪を切りに出かけたり機械の部品を買いに行ったきり、午後五時からの搾乳の時間までに戻らず、パチンコ屋の営業終了時間まで打って申し訳なさそうに帰宅することもあった（そして母がバキバキに怒る。そりゃそうだ）。

子どもの頃は私も「お父さんパチンコなんてやめればいいのに」と思っていたが、大人になるとまた違った感想も抱く。

職場＝自宅、仕事仲間＝家族という典型的な家族経営の酪農家である我が家は、仕事とも家族とも離れてリフレッシュするには外出するしかない。そして父はもともとあまり酒が飲めず、「飲みに行く」という選択肢はほぼない。

となると、タバコを存分に吸うことができ、なおかつ手軽に自分一人になるのにはパチンコ屋という選択肢はかなり有効なものではなかったか。

例えば、農家の父ちゃんが仕事終わりに飲み屋でもパチンコ屋でもなく、どこか景色のいいところで一人孤独にタバコをふかしていたならば、「あそこんちの旦那、家族とうまくいっていないかメンタルに心配があるのでは」とご近所から思われかねないのである。

……いややっぱり、深い意味などなく単に長年ハマってただけなのかな、とも思う。真相は分からない。

パチンコで勝ったという話はあまり聞かなかったので、父がもしパチンコにもタバコにも手を出さなかったら今頃家の一軒も余計に建ったのではないかと思うが、そんな清廉潔白な人生を歩むような父が私にとって好ましいかというと、それはまた別な話だとも思うのだ。

四十路も軽くこした現在、自分が子どもの頃に周囲にいた大人の言動を思い返すと、父に限らず「それはどうよ」「もっといい生き方ができたんじゃない？」と思うことはままある。しかし、さらに大人になってからの自分の振る舞いを顧みれば、決して褒《ほ》められたものではない。夜、布団の中でふと自分のやらかしを思い出し、頭を抱えてゴロゴロと転げまわりたくなることもしょっちゅうだ。

そんな時、もし自分より上の世代が非の打ちどころのないような完璧人間ばかりだったら、おそらく私の落ち込み度合いは倍加されてしまうだろう。

「まあ、こんな失敗したのは人類で私が初でもなし」と思うことでダメージも少しは和らぐというものだ。

その意味で、先達たちのしょうもなさというものに救われている部分もあるのだと自覚する。ましてや実の父ともなれば、「完璧ではない父ちゃんの娘なのだし」と安心感も増す。実質的に状況を良くしてくれるわけではなくとも、心が少し救われるではないか。

……ということにしておこう。

ともあれ、そろって帯広畜産大学に入った河崎家の男兄弟たちは、全員無事に卒業をした。

時代は昭和三十年代後半。高度経済成長期。世の中が盛り上がり庶民の生活水準も急激に向上する中、大学を出たばかりの父が粛々と農業を始めたかというと、またそこには多少の迂回《うかい》があった。

六　遅れてきた開拓者と女たち

農家を訪ね歩く公務員

我が父・崇は祖父・昇の「北海道で農業をやる」という希望を叶《かな》えるため、兄弟とともに帯広畜産大学へと進学した。

喫煙、パチンコなど、そこそこ誘惑はあったようだが、無事に（たぶん）卒業を果たす。

さてさっそく新規就農、兄弟で手を携えてフレッシュな農業ライフをスタートだ！　……とはなかなかならない。大学卒業後、三兄弟はそれぞれ、まずは社会経験を積むことにしたのだ。長男・章は農業機械の会社に就職。三男・繁は農業の勉強をしにアメリカへ。そして私の父である次男・崇は、なんと公務員になった。農業改良普及員という、地方公務員である。意外に堅実な勤め先だ。

農業改良普及員というのは、農家に関わりのない方はあまり聞いたことのない名前かもしれないが、読んで字のごとく、農家に新しい技術などを普及すべく指導する公務員職である。畑作地帯なら畑作、私の故郷のような酪農地帯なら酪農、果樹栽培のある道南なら果樹栽培の指導と、それなりに専門性のある知識を習得しなければならない。しかも、数年おきに道内での転勤がある。

つまり、転勤するごとに新しい分野について勉強し直さなければならないという、なかなかハードな仕事である。

逆に言えば、将来的な就農を視野に入れ、広い分野の知識を学び、かつ現場の状況を知るにはうってつけの仕事であったのかもしれない。それ以外にも、普及員時代に結んだ人との縁は多く、のちに両親が就農した後も、当時からの知り合いと深い親交があった。

さて、普及員となった父はまず別海町に赴任した。そこで、同じく普及員の職に就いていた母に出会ったのだ。そう、私の両親は公務員同士の職場結婚だったのである。

モンブランの教訓

ここで私の母・弘子についても少し触れておこう。

弘子は昭和二十一年二月に根室で生まれた。ベビーブーム世代のギリギリ少し前。昭和十七年十月生まれの父とは四歳差である。

生家は根室半島の海岸線沿いにある小さな牧場で、少数の乳牛や馬を飼い、また目の前に広がる太平洋の前浜で地引網漁などもしながら、半農半漁で暮らしていたそうだ(現在は内陸側に引っ越し、私の従兄弟《いとこ》が牧場をしている)。

母方の祖父母はもともとは新潟の人間で、祖父は少年期に親戚に連れられて根室に行き、そこで根を張った。祖母は遠縁筋で、嫁となるよう周囲から勧められて新潟から根室に渡ったとのことだ。子は二男四女。弘子は末子だ。

父方の祖父・昇は薬剤師であったために戦争に行かずに済んだ。そして、母方の祖父は軍馬の生産をしていたために戦争に行かずに済んだのだという。私の祖父は二人とも、自らが定めた生業《なりわい》によって出征を免れたわけである。

母方の祖父は私が大学生の頃に亡くなり、祖母は幼稚園児の頃にガンで亡くなった。記憶の中に祖母の姿はない。ただ、母の語るところによると穏やかで、それなりに苦労の多い人だったようだ。

余談ではあるが、母から聞いた祖母の話でこんなものがある。

祖母がまだ元気だった頃、一泊させてもらう予定で知人を訪ねた。その際、手土産として当時はまだ珍しかったモンブランを持参したのだそうだ。栗《くり》の滑らかなペーストがかかった、みんな大好きなあのモンブランである。

当時の人の多くがそうであるように、祖母は甘いものが大好きだった。当然、知人宅で出されるのを前提で、自分が食べたいお菓子としてモンブランを選んだのだろう。

しかし、渡したモンブラン入りの箱は仏壇に供えられたきり、一向に出される様子はなかった。おやつに出るかな、夕食後に出るかな、と祖母は期待に胸を膨らませたが、とうとう祖母がお暇《いとま》をするまで箱は仏壇に供えられたままだったという……。語るも涙、聞くも涙の物語だ（甘党的には）。

「だからね、おばあちゃんはお客さんからお土産を頂戴したら、お持たせですが、と断りつつ、できるだけお客さんに出していたんだよ……生ものは特に」

母の語りは実感が伴っていた。わかる。お土産を選ぶ時、客に供されるかどうかは別としても、自分の嫌いなものは選ばないものだ。

というわけで、孫の私も、人様からお土産を頂戴したら、なるべく「お持たせですが」と一言断ってお出しするようにしている。特にケーキは。祖母のモンブランの教訓は、孫の私が確かに引き継いだのである。

「昔はもっとひどかった」と言ってしまいたいけれども

さて、祖母のモンブランへの執着はともかくとして、根室の僻地《へきち》であるにもかかわらず、母方の実家は随分と食べることが好きであったらしい。

前浜でとれた魚介類や湿地の湖沼に生息するマス類、ハマボウフウなどの山菜やコケモモ、ガンコウランの実など（寒冷な海岸沿いの土地柄、海抜が低くても高山植物が生えているのだ）野の恵み。

毎日搾りたての牛乳を飲み、年の瀬には当時の農家の多くがそうしていたように鶏や羊をつぶして、肉や脂を大事に食べる。半自給自足の、なかなかワイルドな生活である。リアル大草原の小さな家。

さらに、当時は開拓保健婦さんたちが地方で活躍していた時代で、町から時折保健婦さんが訪れては、栄養指導やメニューの提案をしてくれたそうだ。

そのため、戦後すぐの時代であっても、祖母は教えてもらったマヨネーズやフライなどの西洋料理を自作していたと母が証言している。結構ハイカラ、かつ新しい味を試すことに積極的だったようだ。父方に続き、母方も食いしん坊属性の家系だったわけだ。

さて、そんな田舎だが豊かな土地で育った弘子は、小学校高学年になると遊びに来た祖母の弟に誘われ、新潟で米農家をしている祖母の実家から中学・高校に進学した。家の手伝いや子守りをしながら、なかなか充実した青春時代を過ごしたらしい。

その後、弘子は札幌の学校に進んで管理栄養士の資格をとる。その資格を活かして、生活改良普及員という、こちらも公務員の職を得た。そして、実家の根室の隣町・別海町に赴任した。

昭和四十年代初めの当時、幹線道路を一歩外れれば砂利道、さらに悪ければ泥道というのもざらの状態だった。その悪路を母はオートバイでえっちらおっちら、各農家を回って生活指導などをしていたそうである。

父の話と違って時代性を感じるのが、当時のセクハラ話だ。令和の現代とはジェンダー意識もガバナンス意識もまったく違う当時、女性でも活躍できる公務員という立場で農村社会に切り込んでいた母は、今では考え難い苦労をしたそうだ。特に飲み会などでは（たぶんこれも強制参加のやつだ）、男性から卑猥《ひわい》なことを言われたり冗談めかして体を触られたりと、結構腹立たしい思いをしたらしい。

それゆえに、ニュースやドキュメンタリーなどでセクハラ被害などが報じられると、それを見た現在七十代の母は「昔はもっとひどかった、もっと苦労した」と、最近は大袈裟《おおげさ》に騒ぎすぎる、というニュアンスで語ることがある。

令和の今、被害を受けて傷ついた女性に対して年配の女性が「昔よりましだ、私はもっと傷ついた」と言うのは、二重の加害ともとられかねない。しかし、当時を生きた女性らがそう思ってしまうほど、過去の苦い経験は苦いまま更新されはしないということだ。

セクハラに限らずハラスメント全般に言えることだが、当時加害をした側に限って「悪気はなかった」「こんなことぐらいで」「あの頃は普通のことだった」と言い訳をすることだろう。だからこそ、今を生きる被害者が即座に「これはおかしい」と声を上げることが、これからを生きる人にとって少しでも居心地の良い世を切り開くことになる。

特に農家は地方であることも多く、加害者も被害者も「田舎だから仕方ない」という口上を使ってその場をおさめがちだ。だが今の世の中、価値観をアップデートしていかなければ各方面から総スカンを食らいかねない。アップデートは大事。本当に大事。自戒を込めてそう思う。

就農と女性たちの苦労

話はそれたが、母・弘子は戦後の慌ただしい時代に育ち、パワフルかつ堅実に職を得て、そこで父と出会った。

前にも書いたが、崇をはじめ父方の男性陣はどちらかというと人当たりが柔らかくて、昭和特有の家父長制バリバリな雰囲気はない。反面、少し優柔不断というか腹をくくるのが遅い傾向にあるので（娘の感想です）、強気でオラオラと自分の道を切り開きつつ、セクハラ男性に辟《へき》易《えき》していた母とは相性が良かったのではないかと思う（娘の想像です）。

まあ男女のことなので良いことと悪いこととアレコレ色々あったのだろうが、病床の父はもう語らないし母も別に語りたがらない。愚痴《ぐち》めいた過去語りがないということはそこそこ円満な関係だったのだろう、とこれ以上の深掘りはしないでおく。

伴侶を得た崇は、とうとう就農に向けて舵《かじ》を切った。兄弟とともに、別海町の隣にある標津町茶志骨に入植したのである。

祖父・昇は尼崎の病院での仕事を定年前に辞し、美津子を伴って標津町にやってきて、北海道東部での農業生活がスタートした。

長男の章、次男の崇、三男の繁。息子たちはそれぞれ結婚し、崇の長男を最初にそれぞれ子どもたちにも恵まれた。

今と違ってまだ夫婦あたりの子どもの数が多い時代である。三家庭の年の近い子どもたちがわちゃわちゃと共に遊び、祖父母が面倒を見る。さぞかし賑やかで牧歌的な環境だったろうなと微笑《ほほえ》ましくなる。私は両親が別海に移動してから生まれた年の離れた末子で、近所に同世代の子もいなかったため、賑やかだったであろう茶志骨時代が少し羨ましいのだ。

ただ、大人になった今思うと、祖母・美津子と三兄弟の嫁たちは大変だったろうな、と実感する。

特に祖母・美津子だ。叔父らの証言によると、北海道への移住はそもそも乗り気ではなかったらしい。旧満洲でお嬢様として過ごし、苦労して引揚げた後に大阪で苦しい生活を整え、子育てもようやく落ち着いた、という頃に、夫と息子たちが北海道に移住。しかも農家になるという。

よっぽど自身がチャレンジングな性格か、あるいは旦那のやることなすことに惚《ほ》れ込んでいない限り、文句の一つや二つでは済まないよなあ、と溜息《ためいき》が出る思いだ。男たちの夢とロマンは、女たちの語られない苦労が下支えしていたからこそ成立できたのは間違いない。改めて祖父母の人生を調べ直した現在、私ももっとおばあちゃん孝行しておけばよかったなあ、と反省している。

開拓の資金は世界銀行から

さて、北海道開拓、というと一般的なイメージとしては原生林生い茂る中に家族、もしくは団体で分け入り、小屋を建てて、馬などを使って少しずつ森林を伐採、苦労をしながら田畑を耕す、というものだろう。正解です。

ただ、それらは主に戦前までの開拓と思ってもらっていい。戦後はさすがに重機が入る。なお残る手つかずの土地をブルドーザーで畑に変えていくのも、立派な開拓である。

ところで、読者の皆様はパイロットファーム計画、という言葉を覚えておいでだろうか。高校受験に備え、社会の授業で暗記した人も多いだろう。別に詳細を忘れたままでも困ることはないのだけれど、この先の開拓の話に関わるのでおさらいをしておこう。

パイロットファーム計画とは、北海道開拓のうち、昭和三十年代に道東で計画・実行された農業施策である。

原資は国庫ではなく世界銀行から大規模融資を受けるというものだ。令和の今から見ると、意気込みとスケールがでかい。一大事業感がある。

開拓の副産物「おいしいシメジ」

そもそも、道東は気候が寒冷、夏も海霧が多い土地柄だ。釧路《くしろ》湿原で知られるように湿地帯が多い他、地質も火山灰土で米作はもとより畑作も難しい。畑が難しいなら牧草地にして酪農を、というのは自然な流れだったといえる。

ただし、個人が酪農を志して開墾を進めようとしても、大規模な農地拡大は難しい。なにせ放牧酪農をする場合、牛の餌を賄える牧草地の目安は一頭につき一ヘクタール。米作・畑作と比べてかなりの土地が必要となる。単純に、農家一軒あたり数倍の土地が必要になるのだ。

そのため、大規模な計画投資によって大型重機で勢いよく農地を確保しなければいけなかった。外部から導入した重機で、一気に森林を伐採し牧草地を確保する。人力や馬に頼っていた頃とは効率がケタ違いだ。パイロットファームでの大規模開墾を契機に、北海道開拓の風景と規模は一変した。

ちなみに、排根線《はいこんせん》、というものをご存じだろうか。木を伐《き》りブルドーザーで土地を均《なら》した後、牧草の種をまかねば牧草地というものはできないのだが、その前に残っている木の根や切り株を取り除かなければならないのだ。大抵は重機で畑の片隅に集めて山にする。そうして集められた切り株や根の山は、やがて細長い帯状になる。これを排根線というのだ。

大抵の排根線は、拓いた土地が立派な牧草地になってもそのまま放置され、木の部分が分解されてさらに植物が茂り、こんもりとした植物の塊が形成される。うちの奥の畑にもあった。

この小さな緑の塊も独特なもので、鹿やキツネなどのちょうどいい避難場所になっていたり、夏季には放牧された牛の日除《ひよ》けになったりする。牛がこの排根線の中に迷い込んで、収牧の時に探し回ることなどしょっちゅうだった。

だが、時代の流れと共に排根線はトラクターなどの作業の邪魔者とされ、土壌改良などの際に除去してしまうようになった。うちにも長年鎮座していた排根線があったが、今はもう跡形もない。

なくなった今だからこそ明かせるが、うちの排根線は、かなり良質のシメジが生えていた。もとが木の根や幹だった上、柳などが後から生えて適度な湿気があったせいだろう。秋の適切なシーズンに足を踏み入れれば、大きな株のハタケシメジがゴロゴロ生えていたものだ。持参した大きなビニール袋に入りきらず、段ボール箱いっぱいに採れたこともあった。

新米と炊き込んでシメジご飯、すきやきの具、鶏肉とバター醬油《じょうゆ》で炒《いた》めたものなど、秋の忘れがたい美味しい思い出である。

信用のできる知り合い以外にシメジの存在は知らせていなかったが、そこは人の口に戸は立てられないもの。とある年、母が「もうちょっと大きくなってから採ろう」と思っていた株が、次に見に行くと跡形もないではないか。

そんなことが幾度か続き、どうやらシメジ泥棒がいるようだ、という話になった。

今でもしばしば問題になることがあるが、山菜やキノコ採りをする人の中には「これぐらいいいじゃない」とカジュアルに人の土地に足を踏み入れる人がいる。

もちろん、不法侵入である。しかも、生えているものを勝手に採るのは農産物でなくても問題だ。さらに言えば、せっかく後で採ろうと思っていたキノコの株を採られたとあらば、農家としては黙っていられるものではない（当時はそれほど気にする風潮はなかったが、他人が勝手に農地に入るのは家畜伝染病やシストセンチュウなどの寄生虫汚染を引き起こす可能性がある。農家が本当に潰れかねないので絶対にやらないで下さい）。

別に警察に通報するなど大事にはしなかった。が、犯人は無事に捕まえた。何のことはない、母がキノコ採りに行った際、ちょうど犯行中（本人としてはおそらくカジュアルにキノコ採りをしただけ）のキノコ盗人と出くわしたのだ。町内の、ごく普通に見えるお年寄りだったそうだ。

母は「ここで何してるんですか」と声をかけ、個人の土地であること、無断でキノコ採りに入らないで欲しい、もし採りたいならせめて声をかけて入って欲しい、という旨を滔々《とうとう》と説教したそうだ。

その後、お年寄りは改めて謝罪に来て、以後キノコ泥棒の出没はなくなった。そして、排根線がなくなった現在、もうあれ程シメジが採れることはない。秋のキノコご飯もすっかり幻の味になってしまった。

戦後開拓とセットのように存在した排根線、そのささやかな思い出である。

自然と動物とともに経営するということ

さて、パイロットファーム計画によって多くの新規酪農家が別海町に入植し、昭和三十年代、その対象地域には集落がまるごと一つ誕生したようになった。家族単位でそれぞれの酪農家が新たな酪農経営をして牛乳を生産する。この青写真に沿うように、以後民間の乳業各社も大規模な工場を別海町に建設した。

しかし、洋の東西、時代の今昔を問わず、自然を相手にする農業、そして牛を経営の手段にする畜産は人間の都合よく動いてくれるわけではない。

問題は初期段階から散見された。パイロットファーム計画で当初導入されたジャージー牛から、ブルセラ症が出たのだ。これは重大な人畜共通感染症で、牛が感染すると流産・死産となる。子牛を産ませることによって初めて牛乳を得られる酪農家にとっては致命的な病気だ。もちろん感染牛は即座に殺処分になる（二〇二四年現在、国内では牛のブルセラ症は清浄化されている）。

それだけではなく、ジャージー牛は乳量、廃用牛の食味ともにあまり良くなく、すぐにホルスタイン種への転換が必要になった。これだけで、かなりの手間と出費がかさんだのである。

それ以外でも、天候不順による牧草収穫量の低下、経費の上昇などでなかなか当初思い描いたような収益は上げられず、昭和三十年代半ばにはせっかく来た入植者が離農していくことも増えた。

私が地元で聞いた話によると、それまで普通に暮らしていた農家が朝になると家族そろって忽然《こつぜん》と姿を消している、ということもしばしばあったそうだ。いわゆる夜逃げである。

それでも厳しい営農を続け、今でも酪農家を続けているパイロットファームの農家は本当にご苦労をされてきたものと思う。敬意を表したい。

新酪農村計画と父の決断

そうした経緯もあり、パイロットファーム計画に代わり、新たな就農形態が模索された。それが、昭和四十八年から始まった新酪農村（新酪）計画である。

パイロットファームに代わる高規格酪農事業を、特定地域に集約する。それが新酪だった。

具体的には、当時はまだ石や煉瓦で作られていたサイロ（家畜飼料を貯蔵する塔）に代わり、高さ十数メートルのスチールサイロを建設、近代的な畜舎、スラリーピット（し尿処理槽）の導入など、当時最新の近代酪農施設を建設し、新規就農を募るものだった。

そして崇は、これに興味を持った。

もともと別海町で普及員をしていた頃から新酪の計画は耳に入っていたはずだし、知人から別海での就農を誘われてもいたようだが、ひとまず父は茶志骨で兄弟や私の母と農家の経験を積んだ後、別海町の新酪で独立して酪農家になる道を選んだ。

当時のことを思い出して、母は言う。「私は乗り気ではなかった」と。それはそうだろう。当時、二男一女の小さな子どもたちを抱えた状態で、青写真だけはやたら綺麗な、だが決して将来を約束されたわけではない新事業に足を踏み出すなど、並大抵の決意ではできない。

しかし崇は頑固だ。現在の母も兄たちも姉も、口を揃えて言うように、「だってお父さんは頑固だから」。その通りに、父は親兄弟と共に営む牧場を離れ、茨の道へ踏み出すことになった。

七　ファミリーヒストリー遺伝子編とユートピアの向こう側

ておきたくなったのだ。うちの場合、父が六十代で脳動脈瘤《りゅう》が発見されたり脳卒中で寝たきりになったりしたため、そのリスクを見極めておきたい気持ちもあった。

もちろん規則正しい日常生活を送り健康を意識するのは当然のこととはいえ、特に心構えが必要な病気が分かれば対策も立てやすくなる。

さて実際にやってみよう。調べると、特に病院に行く必要などはないようだ。さっそく通販サイトで「遺伝子検査キット」と入力すると、出るわ出るわ。正直値段も検査項目の数も様々。口コミも正直ピンキリだった。

まあ、「エビデンス：自分の遺伝子」を使った「よく当たる占い」ぐらいに構えているので、あまり真剣に考えすぎないようにする。無理のない値段で、かつ口コミの評価が極端すぎないものを選んで購入した。

数日後、送られてきたのはちょっとしたチョコレートの詰め合わせ程度の箱が一つ。中には尿検査の時に見覚えがあるプラスチックの筒と漏斗《ろうと》が入っていた。

説明書を読み込むと、手順は簡単。漏斗で唾液を集めて筒に入れ、同封された封筒に入れて返送する。小さじ一杯分程度の唾液をこうして送るだけで、遺伝子の様々な情報がまる分かり、という仕組みだ。結果は一か月ほど経《た》つとメールが送られてきて、そこから専用アプリにログインして確認するのだという。

ただ一つ問題があった。この検査キット、届いたのが二〇二三年の真夏のさ中だったのだ。北海道でさえ気温は連日三十度オーバー。サンプルの送り先である本州では三十五度超えもザラ、という記録的な酷暑だ。

私は思った。

……これ、唾液腐るんじゃない？

説明書の中には、唾液を採取したらすぐ送るようにという注意書きがあった。ならば鮮度は大事だ。そして、炎天下のポストや輸送中に高温になるかもしれないコンテナの中に長時間置かれたら、解析する施設に着いた頃には腐って検査不能になっている可能性もある。

このため、結局秋の終わり頃になってから、唾液を採取して送った。あとは待つだけだ。

羊の便が入った郵便物

余談だが、私がニュージーランドで羊の勉強をしていた頃にお世話になっていた牧場では、羊の内部寄生虫に悩まされていた。

このため、ボスの決断により新しい駆虫剤を試すことになった。その薬は羊に投与後、サンプルをメーカーに送り返すと、どれだけ効果があったのかを数字で証明してくれるというシステムがあった。

羊の内部寄生虫を調べるサンプル。そう、便である。

私はボスに指示され、広大な放牧地でビニール袋を片手に待った。羊たちも群れに紛れ込んだ人間を最初警戒していたが、緊張が解けた頃、プリッと新鮮な便を排泄《はいせつ》する。

それをすかさずビニール袋に入れ、空気を抜いて密閉するのだ。便が入った袋はすぐに返送用封筒に入れて投函する。簡単だ。

「Very easy!」とボスは胸を張っていたが、私には一つの懸念があった。

……包装が簡素すぎやしないかコレ。

もっとこう、頑丈なプラスチック容器に入れるとか、分厚いビニールで何重にも梱包《こんぽう》するとかいう過程もないまま、ビニール袋をくるくるっと丸めて封筒に入れるのみ。

これでは、他の郵便物の角が当たって破損した場合にえらいことになるのでは。言葉を選んでボスにそう言ってみたが、「大丈夫大丈夫、どこの農家もこうして送ってるから！」とのことだった。

つまりかの地の郵便物には、たまに便のサンプルが入っているということだ。そう、遠方の家族を心配する心温まる手紙や、離れ離れになった恋人に変わらぬ愛を誓う手紙と同じポストに、何食わぬ顔して羊のウンコ入りの封筒が……私はそこで考えるのをやめた。

（ちなみに後日、ちゃんと結果が郵送で届いた。サンプルは無事メーカーに到着していたようでほっとしたのは言うまでもない）

まあ、今回私が利用した遺伝子検査のサンプルはけっこうしっかりした筒とキャップだった上、さらに密閉用の袋までついていたので、厳重さに不安はなかった。

遺伝子を調べてみたら……

話がそれたが、唾液のサンプルを送ったこと自体を忘れかけていた頃、結果が判明したというメールが届いた。酷暑の時期からずらして発送した甲斐《かい》があったか、百以上の検査項目のうち、「判別不能」は一つだけだった。

項目は大きく分けて、「遺伝子情報から分かるあなたの体質」「遺伝子情報から分かるあなたの身体能力」「遺伝子情報から分かるあなたの疾患リスク」。

いずれもくどい程に「遺伝子情報から分かる」と書いたのは、結果はあくまで遺伝子から分かる範囲についてのものであり、今この場にいる私を総合して現したものではないと心に留めておかねばならないからだ。

それを前提に、両親の身体的な特徴などを踏まえて印象的な項目を追っていこうと思う。こんなことも分かるんだー、ぐらいで読んで頂けるとありがたい。
●「カフェインによる不安の感じやすさ」→結果「感じやすい」
そんな馬鹿な、と驚いた。というのは、私は一日二杯はコーヒーを飲むし、それで不安や不調を感じることはない。母も同様だ。だが思い返すと父はコーヒーが苦手ではあった。父の遺伝子を受け継いで、成長するうちに克服できたということだろうか……？
●「喫煙量」→結果「標準」
二十代の頃に一日二、三本程度吸っていたことはあったが今は吸っていない。禁煙時に苦労もなかった。対して、父はヘビースモーカーだった。あまり当たっていないように思う。
●「乳糖不耐症」→結果「高い傾向」
乳糖不耐症とは牛乳を飲むとゴロゴロいう症状のことだ。結果だけ見ると私は牛乳を飲めないということになるが、牛飼いの娘である私は幼い頃から自家産牛乳をゴクゴク飲んでいるし、お腹《なか》も痛くならない。父も母も、問題なく飲める。遺伝子の特徴が発現していないか、腸内細菌が力技で牛乳に慣れたのか、どちらだろう……？

●「アルコール代謝」→結果「代謝できないタイプ」

分かっていたが当たった項目。あまり飲めない体質であるところの私は、この結果にむしろ安心した。遺伝子だ。そういう遺伝子なんだから飲めなくても仕方がないんだ、と、少なくとも開き直ることはできる。

ただ、もう一つの項目「アルコール代謝2」の結果は「やや高い傾向」になった。この二つの項目により、私は「アセトアルデヒドを無害な物質に分解する能力は高いが、そもそもアルコールをアセトアルデヒドに分解する能力がない」、ということになる。……何の慰めにもならない。

酒については、母は飲める方、父はどちらかというと飲めない体質なので、父の遺伝子を貰った結果が私の体質になっているのかもしれない。とほほ。

遺伝子的に酒に弱いということが証明されてしまい、悲しいようなほっとしたような気持ちではある。ただ、父方の遺伝ということは、以前調べて分かった加賀藩に仕えていたご先祖の中に、もしかしたら下戸で苦労しながら武士社会をサヴァイヴしていった人がいたのかもしれない、と思うとなんとなく可笑《おか》しい。良くも悪くも、体質からは逃れられないのである。

DNAタイプから人類史に思いを馳せる

あとは父が罹った脳卒中リスクは「標準」でほっとした。その他、「やや長寿傾向」「テロメア（老化に関連があるとされる染色体の末端領域）の長さはやや長め傾向」「PTSD（心的外傷後ストレス障害）への耐性が高い」（そんなことも分かるのか）といったちょっと喜ばしい結果もあった。これは私だけでなく、両親や兄姉も同じ遺伝子的特徴を持っていて欲しいと思う次第だ。

検査項目の最後は、「ミトコンドリアハプログループ」というものだった。これはミトコンドリアDNAのタイプを調べることにより、母方のルーツが分かるというものだ（瀬名秀明先生の『パラサイト・イヴ』で読んだやつだ！　と懐かしく思い出した）。

本書の「父が牛飼いになった理由」とは趣が異なるが、母の母を辿っていくと人類史の大きな流れのどこに行きつくのか。ちょっとワクワクする。なんかレアなルーツだったら面白そうだ。

結果はD5。解説によるとDグループは日本人の中で最大グループ、アジア全体で数億人を超える最大集団。……つまり、ごくごく普通のアジア人ということでした（そりゃそうだ）。

Dグループに属する人の特徴としては、長寿で耐寒性がある。つまり、寒い土地にまで生活圏を広げられる頑丈さと、その中でも長く生きられるぐらい頑丈であるからこそ、子孫を残して繁栄を続け、結果としてアジア最大のグループになった、ということだろう。もちろん他のグループにも他のグループなりに生存戦略や適応条件があったのだろうなと思うと、ただスマホに表示されるだけの検査結果がすこぶる広大な人類史の一端に感じられた。ロマンである。

さて、父のルーツを辿るうちに少し脱線してしまったが、遺伝子検査の結果をめぐって「これ当たってる」「当たってない」と親や家族に考えを馳せる時間は楽しいものだった。

考えてみると、例えば親戚が一堂に会して、共通の好きな食べ物をつつきながら会話する時間は、別に遺伝にこだわらなくても何となく心が落ち着く。父方も母方も、親戚の皆さんはテロメアの長さを活かして（?）元気で長生きしてもらいたい。

夫婦二人幼子三人の牧場

人類史の話から父が入植した頃の話に戻ろう。北海道標津町茶志骨に入植し、兄・弟と三兄弟で酪農を営んでいた私の父・崇は、結婚して子どもが三人生まれた頃、大きな決断をした。

隣にある別海町で始まった、前述した新酪農村（新酪）建設事業で独立し、兄弟のもとを離れて自分の牧場を営むことにしたのだ。

具体的に、どういう理由で父がこの決断をしたのか、当時生まれてもいなかった私は父の思いを知らない。今、父に問いかけても脳卒中から高次脳機能障害となった父は答えることはなく、独立で苦労した時の記憶すらない。

しかしかなり大きな決断であったことは間違いない。なにせ、ただ普通に三兄弟でやっていた牧場から一人抜けた、というのれん分けのような状態よりも、新酪への参入は負担額が大きいのだ。

困難の多かったパイロットファーム計画の次に行われた新酪事業は、参入段階で農地、畜舎、素畜《そちく》（家畜、この場合は乳牛）、トラクターをはじめとする大型機械、そして経営する家族が住む住宅まで、初手から一気に用意するものだった。それゆえに数千万円単位（当時）の初期投資額が必要で、そこから長期的な経営と返済能力の維持が求められたのだ。

今でこそ、北海道の酪農家には一戸あたりの飼育頭数が数百頭、従業員を何人も抱えるという大規模経営が多く見られ、億単位の借り入れをもとに大規模経営前提で新規就農する酪農家も珍しくはない。

ただ、当時は家族経営が基本、実質的な働き手は夫婦二人のみ。そんな中、一戸あたりの搾乳頭数が五十頭ほどの規模、というのは一から参入して手が回るギリギリの条件だったのではないかと思われる。

当時、父はまだ三十歳そこそこ。幼子は三人。令和の今思うと、若夫婦が挑むにはかなり大きな経営判断だったと思う。しかも、母は賛成していなかったというのだから、父の決意の大きさと頑固さがよく分かる決断だった。

釧路までの通院

入植し、生活が落ち着いた昭和五十四年、河﨑家の末っ子として私が生まれた。上三人の兄姉とは十歳、八歳、六歳離れている。

もちろん自身で覚えているわけではないが、誕生から数日後、私の左耳の下には大きな赤い痣《あざ》が確認された。それは数日のうちに大きく膨らみ、血管腫という良性腫瘍と診断された。三児を育てていた母でも当時それなりに動揺したそうだが、担当の保健師さんが「大丈夫、大きくなったら手術できれいにとれるから!」と言ってくれて、随分心のつかえがとれたらしい。

この血管腫のために、私は幼い頃からたびたび釧路の大きな病院に通院と入院を繰り返すことになった。別海の家から釧路までは車で片道二時間弱。病院でも長時間待たなければいけないため、一度の通院で一日がまるまる潰れることになる。ほぼ大人二人の力で牧場を回している忙しい状況で、子どもが遠方への通院が必要な病気になる。

大人になった今思い返してみると、両親としてはかなりの負担だったことだろう。末っ子の病気に母がかかりっきりになり、兄姉三人も寂しかったり負担がかかったことと思う。小学生になってからは牛舎の仕事を手伝い、母の不在の分も作業していたはずだ。私とて好きで病気になったわけではないが、やはり申し訳ない。

幸い、病院で良い先生に担当して頂いたお陰で、私の血管腫は就学前の二度の手術でほぼ切除された。大人になった現在も左耳の裏に手術の痕が残っているが、そう目立つものではない。それはお医者さんと看護師さん、そして家族のお陰と思っている。

一本多いサイロ

私は三歳で地元の幼稚園に入園した。午後になると母が車で迎えに来るのだが、農作業の都合で遅くなることもあり、そういう時は私はひとり幼稚園の玄関で迎えを待っていた。家が農家で忙しいことは分かっていたので、特に泣いたり喚《わめ》いたりすることもなかったように思う。

たまに、園長先生やその奥様がこっそり飴玉《あめだま》をくれたのが嬉しかった。

母が迎えに来ると、その足で近くのスーパーマーケットで食材の買い出しをするのが常だった。なにせ年の離れた兄二人と姉は食べ盛り。買い物だけで一苦労だ（今思い返すと、毎日すごい量の米を炊いていた気がする）。

買い物を終えると、あとは約十キロ離れた家に帰る。途中、道の傍にぽつりぽつりとある農家は、みな牛舎の傍《そば》に一本の円筒形の塔が建っている。スチールサイロという、冬場の牛の餌を貯蔵しておく倉庫だ。サイロにはそれぞれ「○○牧場」という白い文字が書かれており、うちの近所になるとみんな牧場名の上に「新酪」と書いてある。

うちが近づいてくると、道の向こうに二本のサイロが建っているのが見えてくる。うちにはサイロが大小二本あり、よそのうちより一本多いのが私の子どもらしい自慢だった。

よそよりもサイロが多いということは、それだけ費用がかかったということ。それを理解できるようになったのは、ずっと後のことだ。今だから気軽に言える話だが、私が小学生ぐらいの頃、町内で酪農を営む家の子どもでも、一部で「お前の家、新酪だから借金多くて貧乏なんだろ」と私の家のことを馬鹿にする子が数名いた（なお言われた私はほぼ無視してやりすごしていた）。

たかが小学生が人の家の台所事情をこと細かに知っているはずはないから、おそらくは親世代がそういうことを子どもの前で言っていたのだろう。

大人になった今言えることとして、うちの借金が多かったのはまあ事実ではあった。だが、事業上の初期投資による負債なのだからそれなりの額があって当たり前だし、返済が滞らなければ恥に思う必要もない。個人の借金とはわけが違う（余談にはなるが、人を貧乏人扱いした子の一人はうちと同じ新酪の跡取り息子であった。多分、意味も分からずいじめっ子に同調していたものと思われる。まあ小学生ってそういうものですよね）。

酪農家の懐事情

衣食住は贅沢とはいえないがきちんと与えられていた。農家ではない家の子と違って家族旅行などで家を長時間空けることが叶わないのが幼い私の不満だったが、それを口に出せば兄らに「しょうがないだろ」と強めに窘《たしな》められた（たぶん、同じ不満を一度は抱いていたからだと思われる）。我が家なりの生活水準というものを子どもなりに受け入れて、私は農家の子として育っていった。

それでもなお、小学生ぐらいになると、家の懐事情というものも少しずつ見えてくる。それが決して楽観的なものでないことは何となく察していた。

酪農の経営というのは、楽な時期というのはほとんどない。ましてや道東の農家で搾った牛乳はほぼ加工用に回され、その価格は飲用よりもかなり低く設定されている。それは現在に至るまで変わらない。

その中でも、さらに経営が厳しくなる時期というものは発生する。折しも昭和六十年前後、アメリカとの牛肉・オレンジ輸入自由化交渉で、国内の農家は大きく揺さぶられることになった。そして我が家もそれは例外ではなく、父はぴりついた雰囲気を纏《まと》っていた。

八　今も昔も牛飼いはつらいよ

河﨑家に届いた四十センチ四方のケーキ

現在進行形の近況かつ極々私事になるが、私が文芸誌に連載した小説が本となり、直木三十五賞を受賞する運びになった（二〇二四年）。

率直に言って、少々呆然《ぼうぜん》としている。

まだ実家で毎日牛や羊や「おらおら撫でんかい」と足にすがりつく猫たちと格闘しながら小説を書き始めた頃は、こんな形で自分の書いたものを認めて頂ける日が来るとは思っていなかった。

特に、今回受賞した作品は父がヘビー級要介護となった時、文学賞の最終候補になったが結局落選した短編がベースとなっている。

あの時、突然の病で父が自分のことも家族のことも忘れてしまった落胆の中、さらに落選というダブルパンチで絶望の淵《ふち》にあった頃のことを思えば、なんという巡り合わせなのだろう、としみじみ実感する。

人生って分かんないなあ。

良くも悪くも、だ（幸い今回は良いことだけれども）。

もちろん、物書きとしての長い人生のうえでここがゴールなわけはなく、さらにハードなコースのスタート地点なのだと思って、今まで以上に頑張ろうと思う。

私にしては割と真面目に決意を固める一方、別海の実家も知人や親戚から大いに祝福を受けたらしい。

先日など、「お祝いで知り合いからでっかいケーキを頂いた」と長兄からＬＩＮＥが送られてきた。

写真には約四十センチ四方の、イチゴがたくさん載ったゴージャスなケーキがドーンと写っている。あれだ、ドラマや映画の撮影現場で出演者の誕生日をサプライズで祝う時に出てくるようなサイズのケーキだ。普段お目にかかることはまずないやつ。しかも、とてもおいしそうだ（贈り主さんありがとうございます）。

しかし、遠方で暮らす私が食べられるわけがない。そのため「実家メンバーズで私の代わりにおいしく食べて」と返事をした。その結果、一日ちょっとで無事に巨大ケーキを完食したそうだ。酪農現場は肉体労働ゆえにうちの家族もみんな甘いものが大好きなのだが、さすがの胃の強さである。

その他、お花を頂いたりお祝いにお客さんが来訪したりと、実家は大層大賑わいだったようだ。

これらのお祝いは私にというよりは、長年牛飼いとして色んな人と関わった河﨑家への祝福なのだと思う。皆様本当にありがとうございます（でも私もケーキちょっと食べたかった）。

頷く父、全力で喜ぶ母

さて娘の私が喜びと有難さでてんやわんやしている一方、父・崇は相変わらず元気だそうだ。

父は現在、地元別海町の特別養護老人ホームでお世話になっている。新型コロナの関係もあり、私はたまにしか面会に行けていないが、職員さんたちのプロフェッショナルな仕事ぶりのお陰で毎日穏やかに過ごせているらしい。

長兄のＬＩＮＥ情報によると、介護職員さんが父に「娘さん直木賞ですよ」と教えてくれたそうだ。それに対して、父は頷いたとのこと。

分かってんのかなあ。分かっちゃいないんだろなあ（苦笑）。

というのは、すでに何度か触れたように、父は十五年前に脳卒中を発症した。そこからの高次脳機能障害のため記憶も自我もほとんど失い、半身不随でほぼ寝たきり。要介護度５という状態だ。ちょうど私が本章の冒頭に触れた短編を家族にも内緒で書いてコッソリ投稿した直後に倒れてしまったので、私が小説を書いていたことさえ知らないし、たぶん今後も新たに脳に上書きされることはないだろう。

だからきっと、職員さんの言葉に頷いていたとしても、事実を認識してのことではないのだろうと思う。残念だが。

妙に冷めてる娘ですまない、とは思う。しかし私は父の在宅介護を十年以上もやったお陰か、老けるわストレスで肥えるわといったことを代償に、人生に対して妙な達観を得てしまったような気がしている。生老病死。改めて言うまでもなく、四苦八苦のうちの四苦である。生まれちまったことも年取るのも病気も死ぬのも仕方がない。人間だもの。

それでも人間というのは諦めが悪いもので、父の介護で自分のド根性領域が増えたお陰で作家になれたものと自認している。

最初の短編が落選した時は確かに辛かった。しかしもし父が倒れた事実がなければ、私は「なにくそこんにゃろう次こそやってやらあ」と発奮することも、その後作家になれるほど自分の精神を追い込むこともなかったかもしれない。

それでもやっぱり、今回の受賞を父に理解し、喜んでもらいたかったなあ、と贅沢な願いを抱いてしまうのも本音だ。

父は基本的に物知りで、テレビで流れる映画なども好んで見る人だったが、小説を読んでいるところは一度も見たことがない。家にある小説は全て母か兄姉たちのものだった。

それでも、さすがに直木賞という大きな賞のことは知っていたはずだから、元気だったら喜んでくれたことだろう。

子どもたちに何かいいことがあれば言葉少なに喜んだ父のことだ。きっと、友人知人から祝われて変に照れていたことだろう。私に「よくやった」などと居丈高に言うことはせず、「よかったね」とだけ言ったような、そんな気がする。現実に父の喜ぶ姿を見ることはできないが、その様子をつぶさに想像できることは幸せなのだろうとも思う。

父は残念だが、とりあえず、万事パワフルな河崎家の母・弘子は父の分まで全力で喜んでくれている。なので、贈呈式の際は東京に連れ出して贅沢をしてもらおうかなあ、などと考えてもてなしを計画した。

本書は父にばかり触れているが、母とて別海に入植して経営者と労働者と妻と母親を苦労して務めたうえに、父の介護に関しては娘の私以上に壮絶な毎日を送ったのだ。これまでの苦労を埋めるぐらいには親孝行してあげたいと思う。

酪農経営には「総合雑学」が必要

さて、父が元気で牛飼いを始めた頃のことに話題を戻す。

父が新規就農した際に参加した別海町の新酪農村計画は、初期投資が膨大だという話は前章でした。

もちろん、父とて返済のあてもないのに参入したわけではないだろう。

年間何トンの牛乳を出荷すれば年率何パーセントで返済が可能か。そのためには搾乳牛は何頭いればいいのか。何回まで子牛を産ませるか。頭数に応じた粗飼料、つまり牛が食べる牧草はどれくらい必要か。その量が確保可能な牧草地の面積は何ヘクタールか。その維持管理に必要な肥料の種類と金額は。重機をはじめとした機械はどれだけのスペックの物を揃えるか。トラクターは新品か中古か。粗飼料だけでは牛の安定した乳量を長期的に確保できないので、配合飼料と呼ばれる餌を給餌しなければならない。その量と配分は。ビタミンは。ミネラルは。その他の微量栄養素は。タンパク質量は。サプリメントは。それらが輸入品であれば円安による長期的影響は。

長々と連ねた。つまりは、酪農経営とは多様な要素の計算と切っても切り離せない。単純に牛に餌をやって、牛乳を搾ればそれでいいというものではないのだ。

もちろん、生きものを相手にするのだから感覚に頼る部分は大いにある。しかし同時に、経営者として物事を分別し管理する能力も必要になる。それも、幅広い分野でだ。動物学。植物学。気象学。地学。化学。栄養学。機械の扱い。メンテナンス能力。体力。観察力。小屋を自力で建てるには建築の基礎知識。

さらに、経営のことを考えれば、経理、簿記、農協や銀行との折衝能力。人を使うなら人材管理、コミュニケーション能力。自分の牧場で牛乳や乳製品を販売するのであれば営業、広報、販売、衛生管理、そしてここでもコミュ力。乳製品関係は保健所の各種許可が不可欠となるため、行政とのやりとりも必要だ。

お分かり頂けただろうか。私は酪農と緬羊《めんよう》飼育、あとはチーズの販売ぐらいしか携わったことがないので他の農業分野がどうかまでは存じ上げないが、少なくとも酪農経営というのは総合雑学的な知識が必要になる。

酪農経営を左右する三つの要素

そして、それらを仮に完璧に把握し管理しても、酪農経営というのは予定通りの収益を確実に得られるものではない。

なぜなら、一つ目には、牛が生きものであるということ。良い牛乳をたくさん出してくれていた親牛が、ある日怪我や病気で死んでしまうということは、どれだけ飼養管理に気を配っていようが起こりうる。

近年の分かりやすい例を挙げれば、放牧に出している牛がOSO《オソ》18のような熊に襲われることだってあり得るのだ。あれは襲撃を受けた牛が必ずしも殺されるわけではなく、爪などで怪我を負った牛もかなりいたと聞く。残念ながら、牛の場合、殺されなかったから良かったね、という話では済まない。

熊による受傷はひどい感染症にかかる可能性が高く、深い傷を負った時点で殺処分になる可能性が高い。仮に治療するにしても、長期的に抗生物質の投与が必要になるし、もしそれが搾乳牛の場合、投与期間中はもちろん牛乳を出荷することができなくなる。治療費と本来得られた収入をどぶに捨てねばならなくなるダブルパンチだ。

二つ目に、天候だ。北海道の酪農家は自分が所有している牧草地から冬の乾草を確保するところが多い。しかし夏場の天候不順で牧草の生育が思わしくなければ、冬の餌がガツンと減ることになる。

人間のお母さんでも同じことだが、赤ちゃんにおっぱいをあげる時期に十分な栄養とカロリーを摂取しなければ泌乳量は減る。

牛は草を食う。牛飼いはその草を用意する。そのシンプルな仕組みをうまく回すにも、膨大な労力とお金がかかるのだ。もし自家生産で十分な牧草を確保できなければ、外部の農家から買わねばならないし、もし輸入の乾草を購入するのであれば、このご時世だ、円安の影響はここでも農家の財布を痛めつけることになる。

では夏に好天に恵まれ気温が高くなればいいのか、といえばそんな単純な話ではない。草はよくてもそれを食う牛がまずへばる。

日本で一番多く飼育されている乳牛、ホルスタインはもともと涼しい気候に適した品種だ。夏の気温が三十度近くにもなれば、たちまち餌の摂取量が減ってガクンと乳量が落ちる。

嗜好《しこう》性の高い餌にする、涼しい時間に放牧に出す、牛舎内に空調設備を導入する、などの工夫をすれば少しは元に戻るが、ここ数年は北海道の中でも比較的涼しい北部や東部においても真夏日を記録する日数が増え、努力だけではどうにもならないことも増えた。

放牧酪農といって夏季は牧草地で牛に好きに草を食べさせるスタイルの場合、暑すぎる・直射日光が強すぎると牛は腹が減っても草を食べるよりも日陰で休むことを優先する。そこでまた、乳量は減るのだ。

あと、余談ではあるが暑いとアブが元気になるのが地味につらい。全長二、三センチのスズメバチと見紛《みまが》うほど巨大なアカウシアブがブンブンと牛にたかるのだ（もちろん人間も刺されると痛い。とても痛い）。これもまた牛のストレス要因になる。

アブに関して幸いなことに、最近は農業資材メーカーでアブ駆除のいい道具が開発されたようだ。その名はアブキャップ。うちの実家も導入したらしい。農家の敷地内で大きな傘状のものが設置してあれば、おそらくそれがそうだ。アブが温度の高いものへ近づいていく習性を利用して捕虫する仕組みだという。ただ、近づいて見ないことをおススメする。中にはミッチリとアブの死骸が詰まっているので。

話がそれた。三つ目は、酪農家個人の努力や工夫ではどうにもし難い要素だ。社会の動きである。

乳価、つまり出荷した牛乳の取引価格がある程度変動することは致し方ない。ただ、それ以外の要素、例えばSNSでどこかの学者さんが「牛乳は体に悪い！　子どもに飲ませるのはやめよう！」などと言えば、残念ながら今の日本ではたちまち消費量が減ってしまう可能性があるのが現状だ。

日本人は乳糖を分解する酵素を持たない人が欧米人に比べて多いそうなので、ある一定割合の人が牛乳を嫌ったり、または体が受け付けない、ということは致し方がないことだと思う。しかし、それ以外の理由で、しかもエビデンスさえ曖昧な状態で牛乳不要論を唱えられては、すぐに対処することは難しい。そもそも悪意を伴わない主張であったりすることも、また厄介だ。

ピンクの牛乳

先に挙げた気候の話と併せ、社会のトレンドに即座に対応できないのも酪農のつらいところだ。

ある年代以上の人ならば、ピンク色の牛乳を覚えているだろうか。酪農家がピンク色をした牛乳を、バケツ、もしくはホースで排水溝に流して捨てている映像である。

あれは過去にあった生産調整の一環だ。市場に流通する乳量と生産量が釣り合わない際、しわ寄せが一気に現場の牧場に来た。引き取ってもらえない牛乳に食紅で色をつけて出荷できないことを明らかにし、廃棄処分せざるを得なかったのだ。

幸い、うちの牧場では当時それほど多い量を廃棄せずに済んだようだが（経営規模が小さいせいもある）、よその牧場のことだからと心穏やかに受け入れられるものではない。

そもそも牛乳というのは人間の母乳と同じく、母牛の血液から作られるものである。子牛に必要な量以上を分泌するよう品種改良し、健康でいられるよう大事に育て、血液からできた牛乳を頂く。

農家のその労働を、牛の血液からできたものを、本当なら人の栄養とするところを廃棄しなければならない。こんな屈辱があろうか。たとえ補助金から損害を補塡されたとしても、牛飼いの仕事に悖《もと》る行為だ。

私は直接その食紅牛乳の記憶があるわけではない。しかし当時の記録をひとたび知ってしまえば、牛飼いの娘としては心穏やかにはいられない。いちご牛乳のおいしそうなピンク色を見るたび、なんとなく捨てられゆくピンク色の牛乳を思い出してしまい、自分から進んでいちご牛乳を選ぶことはない。

あるいは、約十年前のバター不足騒動は記憶に新しいところだろう。足りなければ作ればいい、そう思われた方は多いと思う。シンプルに、その通りだ。

だが簡単には実行できない。子牛がモーと生まれて初めて牛は牛乳を出すわけだが、その時に生まれた子牛がメスだとして、成長し人工授精を経て妊娠し出産するまでには二年以上かかる。牛乳が足りないからといって、牛を急に増やすことはできない。また、逆に牛乳が多すぎるからといって牛を減らす（＝肉にする）ことで解決ができるほど簡単なものではない。牛を妊娠させずにただ餌をやって飼うより、多い分の牛を肉にする方が確かに簡易な解決法ではあるのだが（生命倫理の問題に今はあえて目を向けないこととする）、そうして一時に牛を処分すれば廃用牛の取引価格は急落する。農家にとって良いことであるはずがない。

また、新型コロナの影響で学校給食用の牛乳が大量に余るという事例もあった。人間の感染症なんて酪農家個々で対策できるはずがない。この時は生産調整や加工乳への転換、ＳＮＳでの消費呼びかけなどで（その節は皆さんありがとうございました、共有された牛乳大量消費レシピ、私も楽しく試しました。巨大牛乳ゼリーとか）、なんとか収束に向かったものの、ただひたすらに酪農の立場の危うさを突きつけられる事態だった。

酪農家はハードモード職

そして、酪農家にとって人間の感染症よりもさらに怖いのが家畜伝染病だ。口蹄疫《こうていえき》。ＢＳＥ（牛海綿状脳症）。ヨーネ病。ブルセラ症。特に二〇一〇年に宮崎県で口蹄疫が発生し、大規模な殺処分を行わざるを得なかった時は、同じ酪農家として呆然とテレビの画面を眺めた。

人様の口に入れるために、人様の健康で元気な生活のために健康な牛を育てていたはずが、たとえ口蹄疫に感染していない個体であってもひとまとめに殺処分せざるを得なくなる。たくさん乳を出してくれる牛も、分娩《ぶんべん》を控えている牛も、全てだ。肉にすることさえ叶わず、ただ土に埋めるしかなかった酪農家の心痛はいかばかりか。想像するだに辛い。

　ちなみに宮崎の口蹄疫の時には、北海道からもかなりの数の獣医師や公務員が作業のために現地入りした。現地に行った人の話を聞くと、やはり肉体的にも精神的にもきつい現場だったという。それはそうだ。酪農家でなくとも、動物を生かしたり、その肉や乳を過不足なく消費者に行きわたらせることに関わる仕事をしている人ばかりだ。酪農以外でも、鳥インフルエンザ、豚熱など、殺処分のニュースが出て、映像の中で防護用の白いツナギを着て黙々と働く人の姿を見るたびに、心臓をギュッと摑まれるような心地がする。

　さて、時間軸を追えば新型コロナの騒ぎが過ぎた後も、ロシアのウクライナ侵攻の影響からくる飼料高騰、燃料高騰、円安による飼料高騰などなど、酪農を巡る厳しい現状はまだまだ終わってくれそうもない。実家近くで、父と同時期に入植した農家が離農せざるを得なくなったという話を聞いて、あの大きく展開していたところが、と驚くと同時に現実の厳しさを思った。

外的要因以外にも、慢性的な働き手不足、家族経営の場合はとかく個人の賃金が安く抑えられてしまう自営業あるある問題、そこに生きもの相手という条件が加わると三百六十五日二十四時間とにもかくにも休みがねえ！　という問題がある。昔と異なり、三十年ほど前から酪農ヘルパーという制度ができ、部分的に搾乳の作業などをヘルパーさんにお願いして酪農家とその家族が余暇の時間を得ることができるようになったが、それでもやはり人手不足のため好きな時に休めるわけではない。

……ここまで列挙して、酪農家ってやたらハードモード職じゃない？　という気がしてきた。今さらに過ぎるし、他の業種でもそれぞれの大変さはもちろんあるだろうが、それにしたってベリーハードだ。

この国の主要農業の特徴として、酪農経営を維持するために各種補助金は色々とある。困難な状況の時にはその都度新たな手が差し伸べられる。人によってはそれが「補助金タップリな産業でお気楽極楽良いですな～」とイージーモードに見えることもあるだろう。

事実とは違う。補助金を頂戴してなお、酪農家は苦しいのだ。

それでもなぜ、酪農家は毎日せっせと頑張って牛の世話を続けるのか。それはひとえに、全国の消費者に安心安全な食料としての牛乳を安定してお届けしていきたいからだ。

人間、すごく頑張れば自給自足で自分と家族の食料を作り出すことはできる。ただし実行しようとすれば、生活の大半の時間と労力を食料を生産する、つまりカロリーを生み出すためだけに費やすことになる。

しかし農業という、お金と引き換えに他人が口にするものまで生産するシステムが存在するお陰で、人々は自分で食べ物を得るための労力を他の労働に振り分けることができる。

一見シンプルすぎるこの仕組みに、本来一介の薬剤師だった祖父が、そして他に人生の選択肢がたくさんあったはずなのに父親の夢に沿うことにした父やその兄弟たちが、どれだけの覚悟で牛飼いを志していたのか。その大きさが分かったのは、私がある程度大人になってからのことだ。

掘り返せば掘り返すほど、父ら酪農の先人たちの苦労は並大抵のものではない。その中には、酪農の大変さとはまた別に、父の持病と大怪我も大きなピンチとして挙げられる。

九　ネクストジェネレーションと母の夢

「手伝い」で培われたもの

父は別海町に居を移し、新酪農村計画のもと新規就農をした後も、なかなか平坦《へいたん》な営農とはいかなかった。

上がらない乳価、上がるコスト、休みのない労働。そんな中でも、末子の私を含む二男二女の子どもたちはすくすく育った。

両親が土日祝日関係なく、朝から夜まで働いている様子を生活の一部として毎日見ながら我々きょうだいは育ってきた。そして、ある程度成長すると両親に言われ、または自発的に、農作業を手伝うようになる。

放牧・収牧時の牛追い、餌やり、牛舎の掃除。大人の一馬力とまではいかなくとも、貴重な労働力だ。子どもたちがさらに成長するに従い、その手伝いはただの助力ではなく義務となり、怠ければ親や他のきょうだいから厳しい叱責を受けるようになる。

これら農家の子どもの「手伝い」は、令和の今なら受け取りようによっては「児童労働」として問題になってしまうのかもしれない。

実際、私も子どもだった頃、学校で同じ農家の子でありながら手伝いを免除されている同級生の話を聞いたり、家を手伝っていることを馬鹿にされると、「なんかうち、おかしくない？」と少なからず思ったものだ。

それでも、両親が日々蓄積した疲労や体の痛みを口にしながら仕事をしている姿を見ていると、「手伝わなければ」と思うのは自然なことだった。それに例えば、下校後、家でダラダラしているところをどやされて牛を追いに行くと、広々とした牧草地で感じる風は心地がよかった。なかば義務的に行った「手伝い」によって自分の中に培われたものは確かにあるのだと思う。

そして、日常的な手伝いは我々きょうだいに少なからぬ体力と根性を与えてくれた。ちょっとした持病や生活習慣病などはあるが、きょうだい四人、四十代五十代となる今まで大きな病気をすることなく元気で過ごせているのは、もしかしたら幼少期から培った基礎体力のお陰かもしれない。

もちろん、家の子にどれだけ農作業を手伝わせるかはその牧場、その家庭の考え方による。そして繰り返しになるが、令和の今、子に農作業を不当に強制することは感心できることではない。個々の農家でそれぞれの事情があるとしても、子どもの労働力に頼らねば回らないような営農は、そもそも態勢を見直さざるを得ないだろう。

どれだけ気をつけていても……

さて、一人前、半人前にもならずとも、四人きょうだいの手伝いで河崎牧場は細々と営農を続けていった。ただ、単純労働を子どもに任せると、自然、危険な作業や重労働は両親の受け持ちとなる。

特に、父の仕事は重機の操作や溶接、大工仕事など、専門性が高く子どもたちでは肩代わりのできないものだった。それは父にとってそこそこハードな作業続きだったことだろう。

父は生まれつき心臓に問題ありと診断されていたし（幸い、症状が出ることはなかったが）、もともと体が頑強な方ではない。食べることは好きだが体つきは細い方だし、胃潰瘍、メニエール病、歯痛や関節痛など、細かな病気には事欠かなかった。

その中でも最大のピンチだったのは、別海に来てまだ数年という時に負った大怪我だ。サイレージ（牛の餌の干し草）を出す機械に右腕を巻き込まれたのだ。

そもそも酪農という仕事は事故が多い。日々大型機械を使ううえ、睡眠不足、過労、動きやすい（＝布地に余裕があり機械に巻き込まれやすい）作業着など、リスク要因が多いのだ。どれだけ気をつけていても、予期せぬ事故で大怪我を負う、または命を落とす農家は後を絶たない。

また、話はそれるが地方の医療体制というのは都会で暮らす人には想像もつかないほど条件が悪いことも多い。内科・外科の専門医が派遣されていない曜日だったり、医療機関へのアクセスが良くない地域だったりすると、都会で当然と思われる治療すら困難で、もちろん命や予後にも影響する。私の故郷でも現在、病院から専門医が離れてしまったそうで、家族に万一のことがあったらと思うと気が気ではない。

事故があった当時の私はまだ幼く記憶はないが、入院、手術と、母の心労と父が抜けた農作業の穴を埋めなければならないという負担はいかばかりか。もちろん長男をはじめ子どもたちが手伝いを増やすことで乗り切れた、いや、乗り切らざるを得なかったのだという。

私が物心ついた時には、父の二の腕にはその時の大きな手術痕が残っていた。後遺症や痛みはなかったのが幸いだが、もしあの怪我がもっと大きなものだったら、あるいは命まで失っていたら、と思うと今さらながらに背筋が凍る。

そんな怪我も起こりうる農作業の中、多少の息抜きもないではない。

父が大阪の堺市で幼少期を過ごしたにもかかわらず、引揚げ者が多い地域で育ったため関西弁ではなかった、ということには以前も触れた。しかしイントネーションはともかく食文化はどっぷり粉モン文化にはまっていたようだ。

北海道では冬季、猛吹雪のためにしばしば学校が臨時休校になる。うちの場合、子ども四人が外に遊びに行くこともできずに家に一日籠もらなければならなくなるのだ。

そんな時、父の粉モン愛好スキルが発揮される。常備されている小麦粉や冷凍肉、冷凍タコなどを使ってお好み焼きかタコ焼きを昼食に作るのだ。焼き役は当然父である。

今思うと特別なスキルやおいしさがあったわけではないとは思うのだが、吹雪で遊びにも農作業にも出られない中、家族で鉄板を囲み、父が慣れた手つきでお好み焼きやタコ焼きを作り上げていく過程を眺めるのは楽しかった。大人になった今になっても、大吹雪の予報が出ると大変だな、という思いの他にどこかワクワクした記憶が頭をもたげることがある。

幻のデビュー作

父の息抜きは粉モン料理だけではない。タバコ、パチンコ、そしてテレビのスポーツ中継、特にプロ野球だ。

父は大阪育ちというだけあって、阪神タイガースの大ファンだった（Jリーグはガンバ大阪である。分かりやすい）。しかし、残念ながら道内で阪神ファンというのは勢力が小さかった。

道外の人には想像しづらいかもしれないが、北海道はかつて巨人ファンがかなりの割合を占めていた。うちから八百メートル離れたお隣さんも熱心な巨人ファンで、隣家とは折に触れ共にバーベキューなどを行うほど仲が良かったのだけれど、大人たちの間で野球の話題が出たのを聞いたことはほとんどない。

そんな中、一九八五年（昭和六十）のタイガース優勝では父はもちろん歓喜し、優勝記念ラベルのビール缶はその後何年にもわたって父のベッドサイドに置かれていた。

しかし残念ながら他の年のタイガースは成績が低迷するシーズンが多かった。

私が小学校四年生ぐらいの時期、学校で「川柳を作って北海道新聞の川柳コーナーに投稿しよう！」という課題が出た。何を思ったか当時の私は、タイガースが負けてはしょげる父と持病を結び付け、

「うちの父　阪神ファンで　胃かいよう」

という川柳を作った。われながらひどい。人の心がない。

さすがに具体的な病名はまずかったのか、先生の「胃かいよう→胃が痛い」に変えては、という提案を受け、最終的に、

「うちの父　阪神ファンで　胃が痛い」

という形に仕上げ、投稿した。

そしてなぜか紙面に採用された。北海道新聞も相当人の心がない（？）。

それが図らずも自分の名前が初めて新聞に載った機会となるのだが、約二十年後、その新聞社主催の文学賞を受賞し、その後今に至るまで取り上げて頂いているので、人生とは分からないものである。道新さん、今まで内緒にしてましたが、実は私の道新デビュー、父をネタにした川柳でした。

閑話休題。

結局、父の関西スポーツチームびいきはコンサドーレ札幌発足と日本ハムファイターズの北海道移転によってあっさりと両チームに鞍替えとなり、同様に地元チームびいきになったお隣さんとも無言のまま和解した（たぶん）。

応援するチームがどこであろうと、日中の肉体労働の後、ゆっくりと中継を眺める時間は父にとっては特別なものだったろう。チャンネル権争いでも、「お父さん日中ずっと仕事してたんだから」という一言で白旗を揚げざるを得なかった。

河﨑牧場の代替わり

子どもたちも大きくなり、両親も年をとり、いよいよ後継者のことを考える時期となった。幸い、長男は後継ぎとなることに当人も異存はなかったらしく、地元の高校を卒業後、帯広畜産大学の別科に進んだ（父や伯父・叔父たちと同じ進学先だったがために、面接官からやたらと昔話をされたという話は以前書いた通りである）。

時期は一九八八年（昭和六十三）頃。世の中バブルまっさかり、華やかで稼ぎのよい職業に若者がホイホイ乗っていきそうな時代に、よく実家の農家を継ぐ、という堅実な選択をしたものだと、我が兄ながら感心する。

世の中の父親と長男の関係によくあるように、うちの場合も特にベタベタと仲が良いわけでもなく、なんなら小さな摩擦はそこかしこにあったのだけれど、少なくとも長兄は父の牧場を継承しようと思うほどには家業を受け入れていたのだと思う（そして現在、長兄の長男も後を継ぐ予定だという。叔母ちゃんとしては過干渉にならないよう気をつけながらエールを送ってあげたい）。

長兄は学校を出てすぐに実家に帰り農家を継ぐ、という選択肢も当然あったのだが、「よその農業も見ておいた方がいい」と両親も兄本人も思ったのか、カナダのアルバータ州に一年間の農業実習に入り、帰国後、実家に帰って結婚し、無事に後継者となった。祖父が志し、父が実現した牛飼いという仕事は、無事に二代目、そして現在三代目への代替わりを迎えようとしている。

母のチーズ

本書はタイトルからして父の系譜を主軸に書いてきたわけだが、牛飼いのみならず日本の家族経営農家の多くは、母、つまり経営者の妻が大きな役割を果たしている。いわゆる農家の母ちゃんである。大抵は農作業に加えて家事育児をこなさなければならない、ハードなポジションだ。

特に酪農業では農閑期やオフシーズンという概念がないほど二十四時間三百六十五日就労の場合がほとんどのため、超忙しい。私の母、弘子も同様である。

そんな母は、私が中学生になった頃、つまり兄姉三人が親元を離れたり結婚をしたりしてから、台所でチーズ作りをするようになった。

他の農家の奥さんたちと公共の食品加工施設で指導を受け、そのうち自宅台所に道具を持ち込んで、ストリングチーズ、ゴーダチーズなどを作るようになった。もちろん原料は自分たちで搾った牛乳である。

大きな金属製の容器で温度管理しながら殺菌し、スターター（乳酸菌）を入れ、レンネット

（子牛の胃から抽出した凝固成分）を入れてホエー（乳清）を分離する。さほど複雑な工程を経るわけではないが、本来腐りやすいものを保存できるようにと先人が工夫したこの保存食は、牛乳そのものよりも複雑なおいしさを有していて面白い。

もともと母は料理好きの家に育ったうえ、自身も管理栄養士の資格を取るほど料理好きな人である。

自分が苦労して育てた牛から搾った牛乳。それを原料にしてチーズを作る。それはこの頃、母の中では実現可能な憧れになっていたのだろう。

母が試作を繰り返していた頃、うちの階段は上り下りしづらかった。端っこに母が作ったゴーダチーズの塊がゴンゴンと置かれ、熟成されていたのだ。

北海道の住宅は廊下が寒く、しばしば冷蔵庫代わりに漬物の樽《たる》やイモの袋などが置かれるが、母はチーズもそうして置いていた。数が増えてくると、収納とより厳密な温度管理を求めて、家庭用のワインセラーを買った。サイズは一人暮らし用冷蔵庫ぐらいのものだが、置き場に困り玄関の隅に設置された。玄関に上がるとなぜかワインセラーがあり、そこにワインではなくチーズが詰め込まれた旧河崎家。冷静に考えると妙な家だった。

牧場で牛乳が売りにくいのはなぜか

母の夢は簡単に叶うものではなかった。ここで一般の人はこう思われるかもしれない。「牛乳もチーズも、農家が売りたければ好きに売ればいいじゃない」と。

確かに、どれだけ農家が頑張っておいしい牛乳を作ったとしても、他の牧場の牛乳と一緒にミルクローリー車で集荷されてしまえば細かな差異化など関係なく、全て均一な品質に整えられて製品にされてしまう。

それならいっそ、自分のところの牛乳は自分でパック詰めして販売すればいいのでは？　と思われるかもしれない。

不可能ではない。実際に自分の牧場内に工場を作って牛乳を販売している農家はいる。ただ、それを実現するには（指定団体制度とか細かいことは置いておいても）非常に面倒くさい手続きが必要になる。

そして、仮に酪農家がみんなそれぞれのブランドを立ち上げて牛乳販売をしだすと、おそらく牛乳の価格が今ほど安定しなくなるうえ、品質も安定しなくなるだろう。

また、牛乳もチーズも、人様の口に入る食品を生産しようとすると保健所の基準をクリアしなければならない。乳製品は、それらの基準がことさらに厳しいのだ。

なぜかというと、牛乳は栄養が豊富だ。それはつまり、腐敗菌にとっても好ましい食材だということだ。要するに腐りやすい。

そのため、品質管理と衛生管理に高い意識が必要となる。これが乳製品の加工施設建設を難しくさせているが、必要な厳しさであるともいえる。この衛生管理を怠ったせいで二〇〇〇年に発生した雪印乳業（現・雪印メグミルク）の食中毒事件は農家にとっても苦い思い出だ。せっかく搾った牛乳が適切な品質管理をされなかったがゆえに、消費者の健康を害してしまった。おいしい牛乳を飲んでもらいたい、という農家にとって根源的な願いを踏みにじる事件だった。

余談だが、チーズの本場、ヨーロッパではこの衛生基準が日本と比べてだいぶゆるい。しかも、そのゆるい環境で作られたナチュラルチーズや無殺菌牛乳を原料としたチーズが普通に流通し、食卓にのぼっている。

そのため、ヨーロッパ全土で年間数人はチーズの食中毒で死者が出ているそうなのだが、当地では「運が悪かったね」ぐらいの捉え方であるらしい（もちろん、事故の都度改善や対策は講じられているのだろうけど）。

まあそのあたりは意識の違いというか、日本人だって外国人から「なんで年間何人も死んでるのに米でできた粘っこいペースト食うの」とか「有史以来えらい数の人間が死んでるのにどうしてフグを食い続けてるの」とか思われてるかもしれないので、食文化のリスクってそんなものなのかもしれない。

念願の工房

ところで、営農の大変さは繰り返し述べた経済的、社会的なものだけではない。より恐ろしかったのは自然災害、特に大地震だ。

もともと北海道東部は地震が多い。

1993年釧路沖地震。

1994年北海道東方沖地震。

この二つの地震は本当に酷かった。海のある町とはいえ海岸に近くはないので津波被害こそなかったが、家の棚は倒れるわ照明は落下するわ、家も牛舎の中もめちゃくちゃな状態になった。

幸い牛舎や牛たちに被害はなかったが、問題は電気だ。これは震源が遠い二〇一八年の北海道胆振《いぶり》東部地震の時もそうだったが、昔の手搾りならいざ知らず、電気を使って搾った牛乳を冷却したり、搾乳機械や水道ポンプを動かしている現代の酪農家は、停電になると大変なことになる。

特に、搾乳ができないと牛の乳が張りすぎて乳房炎という病気になるのだ。クーラーが使えなくて牛乳を廃棄することを覚悟しつつ、ひたすら手で搾るしかなくなる。この幾度かの経験を経て、高価な自家用発電機を導入した酪農家は多いだろう。

母がチーズの試作を繰り返していた頃、大きな地震が発生した。２００３年十勝沖地震だ。大きな被害はなかったが、新酪農村に新規就農した際に建てた二階建て住宅は、経年と先に挙げた二度の大地震ですでに劣化が見られていた。そこにさらにとどめの地震である。外壁に明らかなヒビが入り、住めないことはないがもしまた大きな地震が来たら今度こそ家族の生命が危うい。

そこで、自然な流れとして住宅を建て替える運びとなった。

このタイミングで、新たな家で母は夢を叶えた。新居の一角に、チーズ工房を併設することにしたのだ。

衛生基準を満たした製造スペースは三人も入ればいっぱいになるという小さなものだが、続く熟成庫、事務作業と来訪客の対応をする事務室。最低限度の大きさではある。しかし確かに母の城だ。

母は朝晩は農作業、週に二、三回は日中の時間を使ってここでチーズを製造するようになった。小さくともさすがはきちんとした工房だけあって、製造効率は台所を使っていた頃よりも飛躍的によくなった。

当初母はチーズの販売までは考えていなかった。おいしいと言ってくれる友人知人に、衛生基準を満たした安全なチーズをあげたい、という思いから始まったチーズ工房だ。

しかし、というかやはりというか、人間ちょっとは欲が出る。味が好評を得て「お金を出すから売って欲しい」と言われると、応えてあげたくなった。

そんな経緯で、販売も始めることとなった。作る作業に売る作業が加わるだけ、ではあるのだが、これが予想外に大変だった。

まず、牛乳を勝手に使うことができない。どういうことかというと、本来うちの牛乳は全て指定団体であるホクレンに販売している。その牛乳の一部を使って、チーズを製造販売するためには、ホクレンから使う分の原料乳を買い戻すという手続きが必要になるのだ。

つまり、一見すると牛乳を搾って、タンクから工房に運んで使っているだけなのだが、取引的には、

河崎牧場がホクレンに牛乳を売る→河崎チーズ工房がホクレンから原料乳を買う→チーズを作る

というプロセスを経ているわけなのだ。ややこしい。しかも、購入した牛乳の分量や乳脂肪分・無脂乳固形分なども計算して報告しなければならない。厳密である。

販売することになって大変だったのはそれだけではなく、来客の対応がある。

生産量がごく少ないため、地元商店への卸しや常連さんからの注文・発送などが主な販売ルートで、工房に常設の店舗は置いていない。

だが、ありがたいことに道東に旅行に来た人などがふらっとチーズを買いに立ち寄って下さることがある。そうなると、予定していた製造作業や農作業の手を止めて対応し、お客さんをお待たせしてしまうこともしばしばだ（可能であれば、電話などで来訪を事前にお知らせ頂けるとありがたい）。

それでも、以前のように日々牛乳を搾っているだけでは消費者の顔を見ることもなかったのが、買いに来てくれたお客さんや、地域のお祭りなどのイベントで試食して「おいしい！」と買っていってくれるお客さんの反応を見られるのは、農家としてやりがいを感じられるものだった。

ただ、父は病気で倒れる前も母のチーズ作りにはあまり関わろうとしなかった。人と話すことは好きだが、母ほど社交的な性格ではなかったこともあるだろう。自身もチーズは食べるが、工房作りも、お客の対応も、ほぼノータッチだった。

あまり乗り気でなかった父だが、それでも母の夢を遮るようなことはしなかった。標津町から別海町に引っ越しをしてまで新酪に移った時に母は反対していたというし、その後も良く言えばマイペース、微妙な言い方をすればゴーイングマイウェイな父に伴走してきた母の苦労を、それなりに分かっていたためではないか、と娘の私などは思う。

十　楽しみの見つけ方と逆境からのリベンジ

農家の日課は昼寝

牛飼い、つまり酪農家の仕事の辛さとして、休みがないことはこれまで本稿で散々綴った。なんとなく私の古い恨み（子どもの頃、家族旅行や遊びに連れて行ってもらいづらかった）を込めてしまった気がして反省している。

デメリットばかり挙げ連ねても心が沈んでしまうので、親が選んだ牛飼いの仕事、その良かった点を振り返ってみようと思う。

実は酪農家には曜日があまり関係ない。土日祝日関係なく仕事があるため、自分の時間を組み立てるうえで曜日にあまりとらわれずに済む、ということでもある。

どういうことかというと、酪農の仕事は忙しいとはいえ、朝から晩までノンストップで体を動かし続けなければならない、という日は滅多にない（牧草刈りなどの時期は本当にノンストップに近いけれども）。

時間が決まっている仕事の他には、日中に数時間のまとまった空白時間があり、その間に残った仕事や家事、休息や趣味の時間を持つことができる。

余談だが、北海道東部の家畜獣医師によって書かれたエッセイで「午前中、農家の母ちゃんがアザラシのように昼寝している時間帯に往診に行くと、寝起きでメチャクチャ不機嫌そうな対応をされる」という内容のものを読んだことがある。分かるわー、と思わず頷いた。

そう、酪農をしているご家庭では、空き時間によく昼寝をする。会社勤めの方は「人が働いてる時間帯にいいご身分で」、などとは仰《おつしや》いませんよう。早朝から肉体労働をし、朝ごはんを済ませて一息つくタイミングでは眠くなるのが人の性《さが》だ。そして気持ちよく仮眠の世界に浸っている時に来客があれば、常に愛想よく、とはいかなかったりもする。

さて。休憩時間の眠気さえ振り切れば、長時間とはいかないが自由な時間というものは作れる。日中の仕事時間やシフトを調整すれば、週末は混み合う商業施設や飲食店にも平日に行くことができる。銀行や行政の手続きもしやすい。通院や歯科医院の予約をとるのも楽だ。これは社会人としては小さくないメリットだったりする。

ワカサギ釣りは一大レジャー

そして、大事なのが息抜きやレジャーだ。特にアウトドアを趣味にしていると、遠出こそできないがその日の天気次第でちょっとした趣味に没頭できる。ツーリングや魚釣りなど、朝から晩まで丸一日、ということは難しくとも、コンディションが良い日に思い立ってすぐ半日近く遊べる、というのは考えようによってはなかなか贅沢だ。

例えば、厳冬期、実家の近所にある汽水湖・風蓮湖《ふうれんこ》では、湖面が完全に結氷し、氷の上に車で乗り入れることができる。そこで行われるのがワカサギ釣りだ。

シーズン中、地元のホームセンターに行けば、スクリュー状の穴あけ器や釣り竿《ざお》のセットが安価で手に入る。さらに本格的にやろうと思えば、床のないテントセットやミニストーブで長時間粘ることも可能だ（ただし一酸化炭素中毒には注意）。

私たちきょうだいが冬休みの時期になると、父はこのワカサギ釣りに連れ出してくれた。天気が良くて寒いが風のない朝、父が「今日ワカサギ釣りに行こうか」と言えば、子どもたちは飛び上がらんばかりに喜んだものだった。父だけで連れて行ってくれることも、母が一緒のこともあった。

朝の搾乳が終わり、朝食を済ませると準備を始める。車に釣り道具の他、お湯を入れたポットやカップ麺を積み込む。

氷が薄い時は車が乗り入れられず、湖岸に置いて行かねばならないので、道具を載せて釣り場まで移動できるようソリを使う。普段は子どもが雪山を滑って遊ぶプラスチックでできた普通の赤いソリだが、この時ばかりは釣りの大事なツールの一つだ。快く父に貸し出す。

そして、寒くないよう何枚もの重ね着をしなければならない。令和の今のような機能性の高い防寒着などないから、肌着の上に長袖シャツ、セーターの上にさらにベスト、スキーウェア、耳あてに毛糸の帽子も忘れてはならない。靴下は二重三重。ミシュランのムッシュ・ビバンダムもかくやのモコモコ姿だが、スキーやスケートと違って体を動かすこともなく氷点下でじっとしているだけなので、どれだけ着込んでも多すぎるということはない。

さて、現地に着くと自分たち家族と同じような釣り人は多いが、湖はけっこう広いので、ワカサギがいそうな場所であっても縄張り的な意味で揉《も》めるようなことは起こらない。名人は一日で何百匹も釣り上げるというが、大抵の釣り人はそこまで粘らないから、漁業権的な意味でも乱獲という意味でも問題はない。実に平和なレジャーだ。

ピークは穴をあけるまで?

さて、他の釣り人から適度に離れたところに場所を定めると、いざゴリゴリと直径十センチ強の穴をあける。これが一筋縄ではいかない。何せ車が乗っても割れないほどの氷だから、その厚さは三十センチ近くにもなる。当然、小学生では難しく、父がゴリゴリと氷を削る。私は揚げ物用の小さなザルに柄がついたような道具を渡され、あいた穴に残るジャリジャリした氷をかき出す係を任命される。

穴ができたら釣り道具の準備をする。仕掛けはそう大仰なものではない。「ワカサギ釣り用」として売られているセットを買えば、長さ四十センチほどのプラスチックの竿にテグスと鉤《はり》がすでにセットされているので、そこにアカムシを一匹一匹引っかけていく。そして穴の端に引っかからないように慎重に糸を垂らせば、準備は終了だ。

あとは折り畳みの椅子に座り、時々竿を揺らしてただひたすら待つのみ。

実はこの時点で、子どもの頃の私は飽き始めたものだった。「せっかくお父さんが連れて来てくれたんだし」という半端な気遣いで「いつ釣れるのー」とか「もう帰りたいー」などという我儘《わがまま》こそ言わないが、ただひたすらアタリを待つという釣りの醍醐味《だいごみ》を理解できるほど私は成熟した（？）子どもではなかった。

時間をつぶして遊ぼうにも、そこは氷上。周囲には何もない。無暗《むやみ》やたらにそこらを走れば、振動で周囲の釣り人に怒られるのは明白だ。現代のようにスマホやタブレットなどのような暇つぶしツールもない。おまけに寒い。

何より、これでしょっちゅうアタリが来れば釣りそれ自体が楽しくも思えたのだろうが、あいにくなかなか釣果《ちょうか》は出ない。釣りの神様に私が見放されているのか、はたまた涼しい顔で仕掛けを用意していた父の腕が悪いのか。

たまに竿の先がブルッと震えたタイミングで「よっしゃ!」と竿を上げると、何かがかかっているのは手ごたえで分かるがいかんせん感触が弱い。そういう時は目指すワカサギの艶やかな体ではなく、黒くて小さい、北海道民が「トンギョ」と呼ぶ雑魚《ざこ》だったりする(大人になってから知ったのだが、このトンギョ、トゲウオと呼ばれて本州の料亭では体についたトゲを広げる形で唐揚げにして食べるとかなんとか。日本は広い)。

本命であるワカサギがかかるのは十~数十分に一回程度。今でいうタイパ、タイムパフォーマンス的には効率が悪い釣果だが、それでも冷たい水の中から薄茶色くキラキラとしたワカサギが出てくると、父も私も「釣れた!」と喜んだものだった。

釣り人によっては鍋や揚げ油を用意してすぐに天ぷらにするらしいのだが、うちの場合食べるのは家に帰ってから、ということで釣れたワカサギは速やかに鉤を外して雪の上に放置する。それまでピチピチ跳ねていたワカサギはみるみるうちに弱り、やがて冷たく凍っていく。

「帰ったら天ぷらだな」

父が楽しそうに言う。私は頷く。これは晩ごはんのおかず。そのために釣った魚。子どもの柔らかい心であっても、その辺りは割り切っていたのか、それとも考えないようにしていたのか、心は痛まなかった。

子どもの頃の私はせっかく釣ったワカサギのおいしさはあまりよく分からなかったため（今は大好きです）、寒い中で作ったカップラーメンの味ばかり覚えている。今も昔も、人生ベストのカップラーメンはワカサギ釣りの時に食べたあの味だと思っている。

実をいえば昔、父は猟銃の免許を取りたかったらしいので、野生の生き物を相手にするのは釣りよりもこちらが本命だった可能性もある。私が子どもの頃やそれ以前は令和の現在に比べてエゾシカの数は少なく、食害の問題はそれほどなかったから、必要に迫られてというよりは自分の意志だったのだと思う。

その願望は母の反対によってあえなく潰《つい》えたらしい。母としては、やはり事故などのことを考えて反対したそうだ。そして、父もその意見を受け入れて免許取得を諦めたようで、そのことで夫婦に大きな亀裂が入ったような雰囲気はない。黙々とワカサギのアタリを待つ父の背中を思い出しながら、もし父が猟銃を持っていたらどんなふうに獲物を追っていたか想像すると、牛の乳を搾るように淡々と鹿を追う姿しか浮かばなかった。割とそんなものなのかもしれない。

父は「ええかっこしい（怒）」

日々の小さなレジャーの他、父は人の面倒を見ることも割と好んでいた。

実家では一時期、人から頼まれると農業実習生を快く受け入れていた。対象は学校の先生や農業系の公務員、遠縁の青年など、多岐にわたる。私が生まれる前には、南米からの外国人を受け入れていたこともあった。短くて一、二週間。長くて一年。もちろん人間同士だから相性もあるが、どんな実習生が来ても両親はおおむね温かく迎え入れていたように思う。

なかでも、地元の高校で教師をしていた男性とは、実習期間が終わっても家族ぐるみで仲良くすることが多かった。先ほどのワカサギ釣りや行事ごとの賑やかな食事、バーベキューなど。その先生が持ち込んだ燻製器《くんせいき》で共にベーコンやソーセージ作りをしたりと、父は新しい遊びにも嬉々として取り組んでいた。父にとっては息子以外に楽しい時間を共に過ごせる仲間ができたような感覚もあったのだろう。

ある時など、誰から聞いたか遠く離れた滝川の農業試験場（当時）から肉用鶏のひよこを払い下げで購入することにし、その先生と二人で片道十時間以上をかけてひよこを引き取りに行ったこともあった（ひよこたちは河崎家に来た当初、ピヨピヨ鳴いたため「ピヨちゃん」→野太いビヨビヨ声になり「ビヨちゃん」にクラスチェンジしたのち、立派な「若鶏」となって食卓にのぼった）。

農家の生活というのは毎日同じ仕事をしているゆえに考え方が固定してしまいやすく、それを動かすには新しい価値観を持つ他人を積極的に受け入れるしかない。もともと旧満洲に生まれ、引揚げ後に大阪、十勝、標津と環境を変化させ続けてきた父にとって、背水の陣のようにして借金を抱えて根を張った別海町で生き続けるには、それは自然なことだったのかもしれない。何だかんだ、農業者同士の組織のようなもので役職を務めることも多かった。世話になった先輩農家の息子さんがばんえい競馬の騎手になった際は後援会の活動のため岩見沢や北見、旭川まで出かけていた時期もある。

基本的に父は人に頼まれると嫌と言えない。父の不在時に仕事を一人で回さねばならなかった母曰く「ええかっこしい（怒）」だ。

一つ、父のその「ええかっこしい」が自身の健康寿命を縮めたのではないかと私が密《ひそ》かに疑っている事例がある。

家族が繋いだ牧場と工房

父がカナディアンカヌーを自作して近隣の川や湖沼に出かけていたことは以前にも書いた。十五年前、父は人に頼まれて地元の若者のための婚活イベントに協力した。男女のアウトドアレクリエーションにカヌーで手助けをする、という内容だったらしい。

その際、カヌーに不慣れな参加者がバランスを崩して転覆した。父が作ったカヌーの、初めての転覆事故だった。

幸いライフジャケットを着用していたため、参加者も父も全身ずぶ濡《ぬ》れになっただけで済んだ。父が普段着ることのないTシャツ（近所の土産物屋で買ったらしい）を着て、随分と気落ちして帰ってきた時はどうしたことかと思った。カヌーも参加者も無事だったが、妙にプライドの高い父のこと。自分が作ったカヌーが転覆したことに、随分とショックを受けているようだった。

その数日後、最初の異変があった。父がなんだか目がおかしいと言い出したのだ。見えないわけではないのだが、視野が少し変だという。

視界に問題があるのに車を運転させるわけにはいかない。急遽《きゅうきょ》私が運転し、隣町の病院まで父を乗せていった。これまで、父の運転する車で学校や習い事に通いながら育ってきた私にとって、父を助手席に乗せて走るのはほとんど初めてのことだった。

診断の結果、特に大きな問題はないだろうということだった。昼食には父が好きなＫＦＣ《ケンタッキーフライドチキン》に行き、セットのポテトを二人で分けて食べたことを覚えている。

この時父は六十六歳。体のそこかしこに小さな問題は抱えていても、まだ元気に過ごしてくれるだろう。私はそう思っていたかった。

父に決定的な異変が起きたのはその数日後の夜中だった。離れで眠っていた私は兄嫁の「お父さんが大変」というただならぬ声に飛び起きて、母屋に向かった。

両親の寝室では、父が横たわったままひたすら苦痛に呻《うめ》いて体を縮めていた。意識はあったようだが、家族の声かけもなかなか通じない。すぐに救急車が呼ばれて車で二時間近くかかる釧路の病院へと運ばれた。

くも膜下出血だった。

幸い、意識は回復し、医師の説明によるとどうやら「血がちょっとにじんだ程度で、もうそこからの出血はおさまっている」とのことだった。家族全員が胸をなでおろしたことは言うまでもない。

ただし、父の脳を精密検査した結果、脳内の他の部分で血管にコブができている箇所が見つかった。コブがあること自体は年齢を考えると無理からぬことだが、どうもコブの膨らみ方を見るに将来破裂する不安がある、とのことで予防的な手術を勧められた。それほど難しいものではない。医師はそう言った。確かに言った。

だから本人も、母も、同意した。

結果から言えば、それが父の残りの人生から健康寿命を奪うことになった。滞りなく終了したと思われた手術の後、父がICU（集中治療室）に入っている間に脳内の他の箇所で「どうしてか」大きな出血が発生。ICUという、病院の中で一番管理体制が整っていると思われる場所で「どうしてか」父の異変はスタッフに見つけてもらえることはなく、その間に父の脳内で海馬は機能不全に陥った。

病院から家に電話が入ったのは午後九時過ぎ。緊急手術をするので電話でだが許可が欲しい。そんな内容だった。

父が退院したら好きなだけタバコを吸わせてやりたい。パチンコにも行きたかろう。好物のナッツのタルトも焼いてあげたいし、好きそうな海産物をお取り寄せしてもいい。

そんな家族の思いは全て吹っ飛んだ。ICUで管に繋がれ、意識が回復しない父をかわるがわる見舞いに行っては、ただ目覚めてくれることを祈った。なるべく冷静に病院に説明を求め、今後のことを交渉しながら、私たち家族は文字通りにどん底の日々を送った。

その後、父の自我と記憶はほとんど戻ることはなく、半身不随で寝たきりの身となりながらそれでも命を繋いだ話はこれまで本稿でも書いた通りだ。

今にして思うことがある。父が何もかも失うことになった理由は、明らかにあの手術と管理体制の不備だ。

しかしもともとの、最初の異変のきっかけとなったのは、あのカヌーの転覆だったのではないだろうか。

確かではない。偶然かもしれない。あるいは私が無理矢理に何らかの理由を求めすぎているだけなのかもしれない。

もしカヌーが転覆しなかったら。

もし最初の目の異常でもっと詳しい検査を行っていたなら。

もし手術を行わずに経過を見ていたら。または、他の病院で手術を受けていたら。

父が倒れ、在宅介護を経て施設で穏やかに暮らしている今でも、私や家族は「もし」を繰り返している。後悔しても落ち込んでも何も変わらないが、たぶんこれは元の父が戻ってこない分、我々家族が血を吐く思いで踏ん張り続けた、そのために必要とするネガティブな重石《おもし》だったのかもしれないとも思う。

何せ、残された家族はみな必死で頑張った。

牧場の経営者はすでに長兄の名義に変わってはいたが、いきなり先代がいなくなる中、兄は随分と苦労しながら兄嫁と共に営農を続けた。当時はまだ小さかった子どもたち（私から見て甥と姪）二人も、懸命に手伝いをしてくれた。

母は苦労して立ち上げたチーズ工房をやめようかと、一度ならず考えたらしい。確かに、牛の世話、チーズの製造販売に加えて父の在宅介護は時間的にも心身にも相当なハードワークになるであろうことは分かっていた。切り捨てる要素があるとするならば、チーズしかなかった。

しかし、母本人の意志と周囲の助言によって、チーズ工房は存続された。製造量はもともと多くはなかったとはいえ、決して製造をストップさせることはなく、状況によっては注文に応えるのに少々待ってもらいながらも、時には請われて地域のお祭りで販売することもあるほど頑張り続けた。それは家族のサポートはもちろん、チーズの製造を手伝ってくれる地域の方や、「河﨑さんちのチーズおいしい」と言ってくれる常連さんのお陰でもあった。

近年、農家の手作りチーズは製造者がだいぶ増えてきたため、率直に言ってうちの製品よりおいしいチーズは日本国内でも沢山あることだろう。だが、「食べ慣れたおいしいチーズ」としてリピートして頂けることこそ、うちの母にとっては嬉しいようだ。介護とチーズ製造の両立、それは確かに大変なことではあったけれど、だからこそなんとか両輪が回り切っていたようなところがある。

仮にだが、父が寝たきりで、しかも意識と記憶が以前と変わらなかった場合、父はチーズ販売をやめることを勧めたような気がする。もともと、母のチーズ販売には反対はせずとも積極的な応援もしていなかった人だ。自分の介護に注力してほしい、という理由ではなく、チーズもやっていては大変だろうから、という理由で製造はとめなくとも販売の方はやめることを提案したような気がする。

そして、その場合、母はきっと気落ちし、心身共に早晩行き詰まってしまったのではないかと思う。チーズ販売という形で社会と接点を持ち続けたからこそ、母は父を施設に任せるまでの十二年という長い間、父の介護を続けることができたのではないか。

そう考えると、河﨑牧場は父が決断して作り、続けてきた牧場ではあるが、育て、保ってきたのは決して父だけの手によるものではなかったのだ。

十一　石に穴を穿つということ

ゴールデンウィークのニオイ

世の中はゴールデンウィークになると、雑誌やテレビで行楽情報が流れ、夜七時のニュースで各地の渋滞情報なんかが報じられたりする。

しかし、農家は（例のごとく）連休は関係ない。しかも、多くの家では繁忙期でさえある。道東の酪農家は雪がとけて牧草地の土が締まるこの時期、みんな肥料撒《ま》きを行う。スラリーという液体状になった牛の糞尿《ふんにょう》を大きなタンクに詰め、トラクターで牽引《けんいん》しながら散布するのだ。

当然臭い。「春の行楽シーズンに北海道ドライブ！」とばかりに観光客がレンタカーで走っていると、牧歌的な景色とは裏腹に強烈なニオイが……ということもある。ご迷惑をおかけし申し訳ない。

しかし牧草というのは放っておけばわさわさと無尽蔵に生えるものではなく、牧草の種を播《ま》き、ちゃんと肥料を入れないとうまく育ってくれないのだ。そしてこの作業なくば、観光客の目を楽しませる緑の農村風景も安心安全な国産牛乳の生産も成り立たない。申し訳ないがスラリーだけではなく肥料の臭い問題は農家も色々対策を考えたりしているので、どうかご容赦頂きたい。これは酪農・畑作・米作・果樹にかかわらず、全農家のお願いである。

そんなわけで、私の実家でも今は長兄が、父が元気だった頃は父がこのスラリー撒き作業をしていた。今のようにスマホやデジタルオーディオプレーヤーなどない時代、キャビン付きトラクターならばラジオ程度は聞いていたようだが、その前の古いトラクターを使っていた頃はただ黙々と、朝から晩までトラクターで牧草地をくまなく走っていかなければならなかった。

単調な仕事ではあるが、眠気に負ければ大きな事故にもなりうる。振動の中座りっぱなしで腰も痛くなるし、結構しんどい作業である。

お昼に母に言われてお弁当を届けに行くと、父は疲れた顔で包みを受け取る。親がそんな状態で仕事をしているところを見ると、子どもの頃の私もさすがに「GWにどこか遊びに行きたい」とはなかなか言うことができずにいた覚えがある。

そんなスラリー撒き、必要なこととはいえやはり地域にとってはこの臭いは好ましいものではない。このため、どこかの研究者の方が解決策を模索したらしい。

かなり前の新聞記事で読んだものなのでうろ覚えだが、なんでもスラリーに特定の薬剤を入れることで糞尿の臭いがかぐわしいチョコレートの香りになるという。

……ちょっと何言ってるのかよく分からない。

いや専門的なことは分からないが、技術的に可能であればとても興味深いものだと思う。地域に住む農家ではない人たちや観光客が郊外に来た時、糞尿の臭いがするよりはチョコレートの香りがした方がはるかに良いのだろう。

しかし実際に牛を管理したり糞尿を掃除したりしている側からすると、糞尿からチョコレートの匂いがしたら、なんかチョコレートを食べたいと思わなくなりそうで嫌だ。

下品なたとえで恐縮だが、よく子どもがふざけて言う「ウ○コ味のカレーとカレー味のウ○コのどっちがましか」という話とベクトルは同じで、「ウ○コからチョコレートの香りがするのを知った後でチョコレートを食べたいと思えるか」ということだ。私は甘党でチョコレートが大好きだが、もし自分ちのスラリーから芳醇《ほうじゅん》なチョコレートと同じ香りが漂っている状態を目の当たりにしたら、きっとチョコレー党を離党する。

この不思議な研究の話が出たのは、確か父が脳卒中で倒れた後だと記憶している。感じ方は人それぞれ、営農の形も人それぞれ、とはいえ、父が元気だったならば、やっぱりこの薬剤を使おうとは思わなかったのではないかと思う。なぜなら父もチョコレート好きだったので。

以前にも書いたが父はパチンコが好きで、仕事の合間や用事のついでによく地元の店に行っていた。さほど勝てていたわけではないようだが、余り玉で明治の板チョコをお土産に持ってきてくれるのが私は楽しみだった。そして父は板チョコを割って、家族みんなで食べるのだ。一人あたりせいぜい二かけらか三かけら。その小さな甘味が子どもの頃は嬉しかった。

……のだが、今、大人になった身で冷静に考えると、パチンコでとってきた板チョコを子どもたちに全て与えるのではなく、大人含めてキッチリ等分していたあたり、うちの両親らしいところだなあと思う。

他にも、よそからちょっといいお菓子の詰め合わせを頂いても、乳幼児を脱したからには一人分とカウントされて、家族全員で完全に等分していたような気がする。そこには「大人だから子どもに譲る」という意識も、また逆に「子どもよりも大人がいっぱい食べて当然」ということもなく、年齢・性差を問わない公平さが保たれていた（なお、端数が生じた場合はジャンケン決着となった）。

幼少期からの価値観というのは強固なもので、私は四十路に至るまで「家族はこうしてみんなで分けるのが当然」と考えていたし、周囲の友人の家もおおむねそんな感じであるようだった。

しかし、見聞を広げ、世の中には家長や男児のみおかずの品数が多い家があったり、家庭内の力関係によってお菓子の分配数が異なる家があると知った。

それは各々の考え方なので、善悪をジャッジする意味はない。ただ、そういった細かいところに、親が子をどういう存在とみなしているか。子が親から何を受け取っていくのか。そんなことが垣間《かいま》見《み》えるような気がする。

大人になった今、私は自分の小遣いで板チョコぐらいは何枚でも買える。食べれば普通においしいと思うのだろうが、特に自分で求めようとは思わない。それよりも、たぶん記憶の中の、父が割って与えてくれた小さなチョコレートのかけらの方が、ずっとおいしかったのだ。

そんなことを黄金週間に思い出していたのだった。

別海が沸いたセンバツ

さて、二〇二四年、この春は一味違った。牛飼いの話からは少し外れるが、別海町の別海高校が21世紀枠で春の甲子園に出場したのだ。

私の母校ではないし、今は離れた場所に住んでいるので関係が薄いといえばその通り。だが、長兄と甥はこの学校で学び、同校にある酪農経営科の先生方とは実習受け入れやチーズ作りなどでご縁があったので、なんとなく喜ばしいものである。あと、地元の人が活躍すると何となく嬉しいという純粋な地元びいきだ。

もともと学生数が少ないうえ、都市部の学校と比べてお世辞にも環境が整っているとは言えない。練習場は冬は雪が積もり、たとえ除雪したとしても何十センチにもわたる土壌凍結があるため、練習場所を確保するにも大変だったことだろう。

そんな中でも、指導者や部員たち、そして保護者の協力により、熱心に練習をした成果が実ったのだという。選手たちの家は海と農地のまち別海町らしく漁師や酪農家もおり、町所有の施設で練習をする際には保護者の漁師さんたちがネットの準備をしたそうだ。同じ町内でありながら農家と漁師さんはあまり交流がないことが多いのだが、彼らのロープワークと網の繕《つくろ》い技術はとても水準が高い。まさに職能を活かした素晴らしいサポートだ。

試合は残念ながら一回戦で敗退してしまったが、選手たちがグラウンドを駆ける姿に町民は沸いた。今回の経験を生かしてぜひ夏の大会予選でも体に気をつけて頑張ってほしいと思う。

今回の大会で、別海町から甲子園まで応援に行った町民も多かったそうだ。ちなみに別海町最寄りの空港から関西方面への直行便はない。現地まで行くのはすごい熱意だと思う。

惜しむらくは、父が病に倒れていない元気な状態であれば、本当に喜んで応援していただろうにな、ということだ。もしかしたらチケットを融通してもらって甲子園に応援に行くことさえ考えていたかもしれない。大阪で育ち、バリバリの阪神ファンであった父が、甲子園で息子や孫の母校を応援する。そんなことが実行できたなら、本人にとってどれだけ楽しかっただろう。

また、この春はもう一件、嬉しいことがあった。知人であるばんえい競馬の調教師さんが管理している馬が、晴れて初の重賞勝利を叶えたのだ。その方は、父が入植した頃からずっとお世話になった近所の農家の息子さんで、今もって家族ぐるみで仲良くさせて頂いている。

父は元気だった頃、当時はばんえい騎手だった息子さんの後援会のようなことをして、北見や岩見沢まで応援に行くこともあった（現在ばんえい競馬は帯広開催のみだが、当時は道内に複数の専用競馬場があったのだ）。

元気であったなら、栄えある結果にさぞ喜んでいただろうな、と思わずにはいられない。

移ろう世代

高次脳機能障害で施設にいる父が認識できないままに、かつての知り合いや縁のあった人々もまた移り変わっていく。

父を在宅介護している時、昔からの友人知人という人々がたくさん見舞いに来て下さった。自分の過去と目の前の顔を照合することもできなくなった父に、懐かしいと声をかけてくれ、それは記憶がないなりに父の顔を穏やかにさせてくれた。

その人々のうち幾人か。そして、父のきょうだいのうち三人が先に鬼籍に入ってしまった。

脳卒中で死にかけた父を心から案じてくれた人たちが先に逝ってしまう。しかし本人はその悲しみを認識することはない。

「父ちゃん、○○さん亡くなったよ。またおいて行かれたねえ」

そう私が言っても、父は「うん?」とベッドで首を傾《かし》げるだけだ。それが本人にとって悲しいことなのか、心にとって楽なことなのか、もう測りようがない。

そんな中で、まだ若い世代が各々少しずつ、それこそ涓滴《けんてき》岩を穿《うが》つようにして何か大きなことを成し遂げる姿を見ていると、父の現状と併せて見て勝手ながら大きな励ましを得られたような気がするのだ（自分もこの年の頭に大きい文学賞を頂いたのだが、この件については周囲の人たちのお陰と思っているので、また別件ということで）。

親戚でもないけれども

さて話は変わるが、北海道で農業をしていると、古くからの農家が後継者がおらず離農していくケースをしばしば見聞きする。第三者目線でしかないが、比較的安定しているのにもったいない、と思える農家も、後継者に遺《のこ》すことをあまり意識せずに営農してきたのだろうな、と思われる農家も存在する。いずれにせよ、多くの農家が家族経営と切り離せない以上、当事者にしか分からない事情と諦めがある。

その一方で、その跡地などにはしばしば新規就農者が入植したりもする。

地域にもよるだろうが、根室管内は比較的新規就農者に寛容な印象がある。戦後開拓で就農した農家が多く、そもそも自分たち自身もよそから来たという意識があるせいか、外部から来た人を邪険にする雰囲気はあまり感じられない。むしろウェルカム。

先の話に出てきたばんえい競馬調教師のご実家には、うちの両親も新規就農した頃から非常にお世話になってきた。

もうお亡くなりになっている先代の頃から馬を飼って酪農をする方で、いわゆる「馬喰《ばくろう》」さん、今でいう家畜商でもあった。この言葉、今では差別用語のように扱われてしまう向きもあるが、少なくとも先代と当代のご主人も、ずっと「馬喰さん」と尊敬を込めて呼びながら付き合ってきた農家も、下に見る向きはまったくなく呼び続けている。

今でも北海道の重種馬《じゅうしゅば》（大型の馬）生産者で先代を覚えている方も多く、父も色々なことを教えてもらっていたそうだ。私を含むうちのきょうだいも皆孫のように可愛がってもらい（私のランドセルはその先代が買って下さった)、お互いの家が代替わりした今も親しくさせて頂いている。

北海道という土地柄、寄り集まって農業を始めた人たちが多い中で、親戚でもないけれど親戚のように親しい、こうした形での繋がりが、両親の営農を支えてくれたのだと思う。

小市民の歴史

さて、本書のために父や祖父母らの人生を辿るようになってから、私は妙な癖がついてきた。映画やテレビドラマで昭和時代が出てくると、その時に祖父母は何歳で、とか、父はどの場所にいて、などとつい考えてしまう。

具体的には、NHKの連続テレビ小説『虎に翼』がちょうど昭和初期、日中戦争の影が差してきた頃、ドラマで主人公たちの運命にハラハラさせられると同時に、当時の世相や庶民の雰囲気にも注目してしまった。シナリオや演出、作中美術の完成度が高いがゆえだ。

そして、例えば昭和十年頃。薬剤師の資格を得た祖父はどんな希望を見出《みいだ》して旧満洲へと渡ったのか。祖父にまだ出会っていない頃の祖母は、当地の女学校でどんな生活をし、どんな未来を描いていただろうか。

特に、戦時を描写する創作物を見ると、当時の祖父母は戦争に対してどう感じていただろうと想像せずにはいられない。

現代に作られた創作物だと、戦争に疑問を抱き、当時の世相と自分の理想との差に呻吟《しんぎん》する登場人物や主人公の姿が描かれることが多い。それは当然だ。視聴者は現代の人なのだから。ただ、これはあくまで歴史を後から見返した結果作られた物語なのだとも、物語を綴る者の端くれとして、自戒を込めて思う。

具体的には、自分の祖父母や先祖が「時代の流れに疑問を抱くことぐらいは多少あったかもしれないが、なんだかんだやってるうちに結果的に時代を乗り切れた」ということではないか、というある種の思いを私は抱いている。きっとそこまで、私の身内は先見の明があったわけでも、賢かったわけでもなく、ただの一市民だったはずだ。

自分の先祖が賢く先進的だったと思うのは理想論だ。考えの全てが軍国主義に染まっていなかったとしても、何もかも全てが理知と忍耐で埋め尽くされ、清廉さと共に生き残れたとは思えない。

祖父母とて、報道や世相や近所と比べて極端に高邁な考えや理想像など持っていなかっただろう。もしかしたら、現代のドラマでは悪役とされるような、自分たちと違う属性の人に対して差別感情を抱いて隠さないようなことさえあったかもしれない。嫉妬から人の陰口をたたくようなことも、こっそり人に言えないような悪いこともしたかもしれない（そもそも本書の序盤で記した通り、父方のご先祖は戦国時代にモリモリ戦《いくさ》に出ていた家系だったので、しっかり人を殺していた）。

そして日本が敗戦国となり、家族でかろうじて日本に引揚げ、やがて息子らと共に北海道で牛飼いになろうと考えた時、その選択が純粋な開拓精神を礎《いしずえ》にするものだったとは限らないのかもしれない。実は子や孫にも伝わっていない不都合から北海道まで居を移した、という事実がどこかに眠っていたとして、それが明らかになることはない。

時代の流れに応じて個々人が感じたこと、どういう行動をとったのか。それを後の時代にどう評価していたのか。両方の祖父母からは昔のことや当時抱いていた感情などについての詳細な話を聞く機会がないまま死別してしまった。文章や日記を書くような人たちではなかったから、彼らの誇りも悔いも何もかもが形として残ることなく、ただ老いた後の穏やかな姿だけが私たち子や孫世代の記憶に残っているだけだ。

結局は祖先も祖父母も両親も、私もまた一介の小市民なのだ。何を当たり前のことを、と思われるかもしれないが、人間一人、社会において影響力などさほどなく、社会の歯車の一つと考えるとその存在はいかにも小さい。円安の世の中で牛に食わせる飼料をなんとか融通したりするように、たぶん戦時中のご先祖も国家に不満を吐露することもなく、日々ただ目の前の現実を生き抜くことに精一杯だったろう。

社会を変えたり何かを改善させる大きな力も運もなかった普通の人。それが私の先祖たちだ。けれど自分と視界に入る家族をなんとか守り、頑張ることを諦めなかったからこそ彼らは生き抜き、小さく確実な営みを成してきた。それが我が家の場合は酪農であった（また私がそこから羊飼いや物書きにと、なんだか妙な形で派生させてきた）。

それだけ大きなことであり、それだけ小さなことでもある。

人間の、時間と縁を縒《よ》り合わせた歴史というのは、大小それぞれの意味を内包して「その程度」なのかもしれない。

北海道の物語を書くということ

北海道に住みながら北海道に関わる物語を綴っていると、たまに「北海道にとどまり小説を書く意義とは何ですか」といった内容の質問を受けることがある。

「え、私暑いの苦手なんで北海道から出たくないし、出かけやすい範囲で調べものしてたら結果として北海道の話が多くなっちゃっただけで……」などとはぐらかして答えることもあるが（いやこれも事実の一端なのだけれど）、結局は苛酷な自然環境と、そこに足を踏み入れ、住む人々に魅力を感じている、というのが自分の中では一番しっくりくるのかもしれない。

そこにもともと根がなかった人々が居を定め、生きていく時、易々《やすやす》とそれを成していくことは少ない。仮にそうだったとしても、そこに深い物語は発生しない。

困難、葛藤、衝突、不運、それら全てに対峙《たいじ》してきた人々の姿にこそ、人は共感やなにがしかの感銘を受ける。そう思うから私は北海道の物語を書く。

私個人は、相当面倒くさがりということもあり、一度腰を落ち着けた地域からあまり移動したいとは思えない。進学などで居を移すことはあったが、転居の作業含めて引っ越しは面倒に思う方だ。大学時代に札幌で借りたアパートなどは小さな不都合はなくもなかったはずなのだが、結局卒業するまで四年間住み続けた。

今は実家を出て十勝管内で一人暮らしをしているわけだが、さして問題がないのでおそらく可能な限り引っ越ししないままで過ごすことだろう。飼っている猫たちも今の家を気に入っていることだし。

そんな性分だからこそ、引揚げ後に一度大阪に根を張りながら、わざわざ北海道に来てまで牛飼いになる決意をした祖父母や父たちの足跡に興味があった。その足跡を検証していくことで、自分の中で何が変わっていったのか。最後に少し深めに掘り下げていきたいと思う。

十二　家族と血族と一族と

煙は溜息の代わりに

旧満洲に生まれ、引揚げ後は大阪で育った私の父が、どうして北海道東部で牛飼い（酪農家）になったのか。

病に臥《ふ》して本人の口からもう聞けないその理由を調べ、一年が経過した。道筋を追いつつ、残された資料や親戚、知り合いの証言から父の姿を探った本書も最後の章となる。

最近、仕事で元農協職員の方とお話しする機会があった。昔は農家の家に上がって、そこのうちの父ちゃんとタバコをモクモク吸いながら話をしたものだ、とのことだ。

まさに父が元気だった頃に農協の人をお迎えしていた情景そのままで、なんだか懐かしくなった。禁煙分煙志向が強い現在、おそらく喫煙習慣のある農協の職員さんでも、訪問先で一緒にタバコを吸うことはほぼないだろう。良い悪いではなく、単純に時代の流れというやつだ。

その数日後。私は新作の取材に出かけた。先方にお話を伺う場所は、地方の駅前にある昔ながらの喫茶店だ。取材自体は始終穏やかで楽しく進んだ。

ただ、店内喫煙可の店だったので、途中で他のお客さんが吸っているタバコの煙がこちらにまで流れてきた。

私はヘビースモーカーの父のもとで育ってきたので、慣れがあるというか、特に紫煙につらさを感じないと思っていた。なのに、久々に煙を浴び、どうにも目と喉がイガイガし始め、咳《せき》をこらえるのに苦労した（もちろん、もともと喫煙可能なお店と分かっていて入店したので、お客さんもお店もまったく悪くない）。

考えてみると、父が倒れて十数年。近くで煙を浴びる機会がほとんどなかったせいで、すっかり体の慣れが消え失《う》せていたようだ。たまにホテルの喫煙可の部屋に泊まると臭いが気になるようになっていたけれど、まさかここまでとは。人間、慣れるのも早ければその慣れを忘れるのも、存外早いものなのかもしれない。タールもニコチンも含有量が多いハイライトを一日一箱吸っていた父のことが少し懐かしくなった。

タバコが体に悪いのは間違いない。もちろん父もそれを分かって吸っていたはずで、あえて吸っていたその意味を思う。農作業でトラクターを運転する間に、休憩のおやつ時間に、溜息の代わりのように吐き出していた煙は、父にとって生活の一部だったのだろう。

もし元気だったならば、母と医者にチクチク言われながらも吸い続けていただろうか。昔と比べて一箱の値段が跳ね上がった現在なら、お小遣いのことを考えて少しは量を減らしていただろうか。電子タバコを薦められて、よく分からないからと拒んだだろうか。それとも意外と新しもの好きな性格を発揮して、早々に鞍替えしていただろうか。意味のない想像は尽きない。

今では昭和が舞台の小説であっても、映像化される際には俳優が喫煙をしている映像を流すことは難しい（恰好いい俳優がタバコを吸っている＝タバコを肯定すると捉えられるためだ）。

父が好きで見ていたモータースポーツも、当時はマールボロ、ロスマンズ、マイルドセブン、キャメル、ジタンなど、タバコ会社がメインスポンサーとなってブランドのデカールが車体を飾っていた。現在はタバコ広告規制のためにそれらはまったく見られない。

気まぐれかつ性格の悪い神様かなんかが、今突然、父の記憶と自我をもとに戻したとしたら、父はさぞかし驚くだろう。公共の場ではもうタバコを吸えないし、他の家族はいきなり十数歳老けているし（そういえば孫も一人増えている）、スポーツ中継でタバコのロゴを見ることはほぼないし、きょうだいや友人はもう何人も亡くなっている……。

スパルタ草刈りが繋いだ縁

先日、私は地元新聞のお悔やみ欄を確認した。父の知人がまた一人亡くなったのだ。同年代の酪農家で、父が脳卒中で倒れて以降、何度も見舞いに来てくれた方だった。

父が病に倒れた時、多くの人が心配してくれた。その一方で、ご自身はそれぞれお元気に見受けられた。しかし、十五年の間に父はきょうだいを三人、友人は十人以上を亡くしている。さらに、実家の近所では同年代に入植した農家数軒が離農し、中には遠くに居を移した家族もいる。

父の友人の一人に、札幌で不動産の管理人をしていた同い年の男性がいた。ここではAさんとしよう。

Aさんはもともと、私が大学時代に知り合った方で、勝手に札幌の父のように思っていた（ご本人は私のことを孫とみなしてくれていたそうだ。てれる）。

当時若造の私とて、才知も愛想も何もない己のスペックはいちおう把握していたから、なんで親戚の子のように気にかけて頂けるのか不思議ではあった。後から聞いてみると、Aさん曰く「鎌の使い方がうまかったから」……とのこと。鎌？

さらに聞いてみると、Aさんが住宅街の空き地の掃除をする時、私を含む学生数人で手伝いに行ったことがあった。その時、雑草刈りで皆が苦戦する中、私の手際がシャキシャキとして（比較的）よかったらしい。

私の鎌の扱いは母直伝である。自宅である農場の広大な敷地で雑草刈りをすべき場所は多く、早く・効率的に刈らねばいつまで経っても終わらない。

農家の母ちゃん的にはたとえ小学生の子ども相手であっても、「あら〜お手伝いしてくれてありがとね〜」なんて甘い顔をすることはなく、「そこに手ついてたら切るでしょ、危ない！」「もっと、角度はこう！　じゃないと草が切れなくて寝るだけ！」「調子乗って腕だけ振り回してると足切るよ！」……と、結構スパルタだったのだ。

まさか半べそで仕込まれた草刈りが人に認められるとは思わなかったよ、母ちゃん。農作業は身を助く、……のかどうかは分からないが、これがきっかけで、大学時代の私はしばしばAさんの事務所にお邪魔した。そしてコーヒーなどを飲みながら、昔の札幌の話や美味しい食べ物の話を聞くことになったのだった。

「札幌の父」の思い出

美味しいものとパチンコが好きで喫煙者。父と共通点のあるAさんの事務所に、用事で札幌に来た父を連れて行ったところ、すぐに意気投合し、友人のようになった。

Aさんは昔演劇をしていたとかで、とにかく顔が広く、博識で、ニセコの山にタケノコを掘りに行ったり、化石を掘りに連れ出したりしてくれた。私の成人期の人格形成と後先考えない無鉄砲さは、この方のお陰（せい？）だと思う。

食べることへの興味も旺盛で、何十人も集めて大規模な焼き肉大会を催したりもした。私が羊飼いを志したきっかけは、この時に北海道産の羊肉を食べたことだ。

当時就職氷河期まっただ中で平穏な就職が難しいとはいえ、唐突な私の進路にも「やってみればいいしょ」と背中を押してくれた。今思い返してみると、私が突飛な進路を言い出した時、父と母が戸惑いながらも反対しなかったのは、Aさんが認めてくれていたからだったような気がする。

そのお陰で後年無事に羊飼いになる夢を果たし、私が生産した羊肉を送ると、Aさんはとても喜んで食べてくれた。物書きの道が開け、何冊か本を出せるようになった時も、「なかなか面白い」と喜んでくれた。

父が倒れた時も随分心配してくれたAさんは、私が十勝に住まいを移してすぐ、患っていたガンで亡くなった。

元気な頃は過去の大病経験を語りながら「人間、死ぬのなんてなんてことない。どうせ死ぬまでは生きなきゃいけないんだし」と飄々《ひょうひょう》としていたAさんは、それでも亡くなる少し前はかなり苦しかったようだ。

かつてご本人が言っていたように、「いつかくること」だと分かっていても、訃報を聞いて私は泣いた。当たり前だ。先が短いといくら覚悟していても、大事な人の死が辛くないなんてことはない。

別に私も霊魂やあの世を信じているわけではないが、Aさんや近しい人が亡くなるたび、父に「父ちゃんはまた追い抜かされて置いていかれたねえ」と話しかけてきた。そして彼らが父を一緒に連れて行かずにいてくれたことに、やるせない思いとともに感謝を捧《ささ》げてきた。

家族の物語を書けた理由

そんなことで締めとなる本稿を綴っていた先日。郷里にいる母から電話があった。

普段よりも少し低いその声に、どうも嫌な予感がした。

『あのね、お父さん、咳がひどくて入院したの』

とうとうか。私はそう思った。

高次脳機能障害で半身麻痺の父は、口腔《こうくう》や舌の一部も痺《しび》れているため発声・発語がうまくいかない。嚥下《えんげ》も同様のため、誤嚥性肺炎のリスクが健常な人よりかなり高い。

実家で在宅介護をしていた頃は、定期的に専門家のデンタルケアを受けていた。それ以外にも、胃ろうで摂取する栄養の他に慎重にゼリーなどを口から食べさせていたこともあり、嚥下機能のリハビリができていた。

しかし、その後入所した特別養護老人ホームでは歯磨きなどはしてもらえても、口からの食物摂取はハイリスクだとして行われていない。嚥下機能が低下するのは仕方のないことだ。もちろん、私たち家族もそれを理解した上で父を施設に預けた。スタッフの方々も、父のケアに十分尽力して下さっていた。

それでも喉の機能が衰えれば、誤嚥性肺炎はどうしても起こりうる。もし将来、父に何かあるとすれば（具体的には、別れの時が来たなら）、原因はそれが一番可能性が高いと覚悟していた。

いつかは訪れること。その時がとうとう、来たのだ。私はスマホの向こうから聞こえる母の説明を耳に入れながら、頭の中で仕事のスケジュールを思い返していた。急ぎの仕事は。締め切りの予定は。

ひどいな、と自分でも思った。同時に、ひどいぐらいに冷静であることが、自分の精神を立たせ続けてくれているということも自覚していた。

駆けつけるなら自家用車だ。冬でなくて良かった。もしそのまま葬儀となれば自宅で飼っている猫二匹のためにペットシッターさんを急遽頼まなければならない。それとも初七日の前に一回帰宅して……。

そんなことまで考えていた時、母の声が少し明るくなり『でもなんか回復してるみたい』と続けた。

「え。あ。うん……？」

なんか思ってた展開と違う。いや、いいことなんだけど。

そのまま母は、症状が落ち着いたのでしばらく入院すること、良くなってきたら退院してまた施設に戻ること、などを手短に語った。最初の暗さは一体何だったのか。ドッキリか。こんなドッキリ心底いらんっちゅうに。

私は慌てて手元の手帳を確認した。

「……あ。今週末、仕事で知床行くから、なんとか時間調整すれば病院行けるわ。面会しておいた方がいいでしょ」

入院しているのは事実なのだから、万が一急変した時のことを考えて、見舞いには行っておくべきだろう。

私も決して時間の余裕があるわけではないが、スケジュールを少し変更すればなんとかなる。回復しつつあるとはいっても会える時には会っておいた方がいい、そんな気がしていた。

『あ、土日？　だめさ、土日は面会できない』

「そうなの!?」

あっけらかんとした母の声に、つい大きな声が出た。町立の病院が土日は家族の面会もさせてくれないなんて、じゃあ会社員なんかどうすんだ、という疑問が湧いたが、とにかくこういうのは施設の規則が絶対だ。ごねるべきではなかろう。

『お母さん平日に行っとくからさ。……まあ、それに正直いって、何かあった時は何かあった時というか』

「いやまあ……それはそう」

そこは私も、若干の後ろめたさを感じつつ全面同意した。

そりゃ家族として父には長生きしてほしい。そこは揺るがないが、十年以上にわたって要介護度へビー級の在宅介護をこなしてきた私と母は、「お父さんに対してやってあげられるだけのことは全部してきた。全部というか一五〇％ぐらいやった」と自負している。

我が介護に（おおむね）一片の悔いなし。

だいたい介護を始めて五年目ぐらい（私個人の実感です、母はどうなのか分からない）でこういう境地に至っていたので、今さら父の身に何かが起こったとして、父も私たち家族もここまで十分頑張った、何ならオーバーランの勢いで頑張った、とそれなりの自負があるのだ。

その気持ちがなく、つまり父の世話について後悔があったり、または覚悟が追いつかないまま父が亡くなりでもしていたら、多分私は本書の内容を文字として綴り続けることはできなかっただろうと思う。

できることを十分やった、だからこそ、私は叔父や親戚、母にしつこく聞いてまで父や先祖のことを掘り返すことができたのだ。

その意味で、心身ともに目の粗い金ヤスリでゴリゴリと削られるような在宅介護の日々を経験しておいて良かったのかもしれない（※なお、あくまで私の場合は、という話です。人様にまで「身内の介護をやると心身が鍛えられるよ」「自分で介護した方が後悔が少ないよ」と在宅介護を推奨しているわけではありません。施設を探すなり他力を頼るなり、なるべく多くの選択肢を用意した上でベストな道を探ることをおすすめします）。

先祖も家族も、結構頑張った

とはいえ二〇二四年末現在、父はしっかり存命である。

今回の入院で、身内として当然の覚悟はあったものの、どうやら今のところ覚悟は空回りという結果になった。

後日、父の見舞いに行った母からは『元気そうだった。十五分しか面会できない規則らしいからすぐ帰ったけど、帰りがけに手を振ったら振り返してくれた』……とのことだった。実家メンツ含めた家族一同でほっとした。

私としては、入院と聞いた時、最終章の原稿を線香番しながら書くことになるのではないか……と、最悪のパターンを考えてひやひやした。もしそんなことになればある意味一生忘れられない執筆現場になりそうだが、幸い、父はまだ生きてくれるようだ。心の底から良かったと思う。

それにしても、父を在宅介護していた頃、仕事に介護にとてんてこまいだった母が「このまままじゃ私が先に死んでしまうわ」と爆睡中の父に向かって悪態を吐《つ》いていたものだったが、今回のように父が入院しては持ち直して長生きしているのを見ると、母の冗談も結構シャレにならないような気もする（いえ、母は直木賞贈呈式の時に初めて帝国ホテルに泊まって超はしゃぐ程度には元気だが、あくまで可能性として）。

その場合、父は伴侶が亡くなっても、（縁起でもないけど逆縁で）息子や娘、孫たちに何かがあったとしても、悲しむための記憶も理解力もとうに失っているのだ。

人間て、何をもってして幸福と言うのだろう。小説の主題としても哲学の命題としても議論が尽きることのないテーマだが、私の場合は父の存在を意識することによって、多少考察がひねくれ、いや複雑になったような気がしている。

例えば、自身が築き上げた人生や共に生きた家族、あるいは自分よりはるか前の先祖のあり方が人生の大事な柱になる人もいるだろう。

私は、父はとても頑張って生きた人だと思っている。そりゃ過ぎたタバコやパチンコ癖、頑固なところ、家事育児のおおむねを母に任せていたなど褒められたものではない部分もあるが、祖父や兄弟と一緒に農業を一から学び、牛飼いとなって黙々と働いてきた人だ。子ども四人を養い、人の口に入り血肉となる牛乳を毎日出荷してきた。多くを語る人ではなかったから聞いたことはないけれど、多分それは父本人の誇りであったろう。

本書の執筆にあたり、限られた資料にあたって今まで考えもしなかったご先祖について調べたところ、意外な頑張り方をしていたり（バリバリの武士階級で戦国時代を生き抜いた上、江戸時代の封建制下も生き延びて血を繋いだんだから、結構頑張ったんだと思う）、終戦直後の旧満洲から一家全員で本土を目指した祖父母決死の引揚げについてなどを知ることになった。多分それも、分かったあれこれを元気だった頃の父に話せば、満更でもない様子だっただろう。

それでも、一度病に臥した父はもうそれらを誇れる状態にはない。しかし生き、何人もの人を見送るほどに生き、それは間違いなく我々家族にとって喜びである。

長い介護生活を経て、父の人生終盤については娘なりに納得しているつもりの私だが、いざ父との別れの時がきたら、もしかしたら自分でも驚くほどに嘆き悲しむ可能性がある、とは思っている。それはAさんの死で実証済みだ。

いい年をした娘がみっともないほど泣いて喚いて、それで自分がすっきりとするなら良いのかもしれない。

自分の「根」

おわりに。北海道出身の先輩作家さんとお話ししていた時、北海道民は総じてルーツへのこだわりが薄い、という話題になった。

その通りである。私自身、父や祖父、せいぜい曽祖父母の代ぐらいまでしか知らなかったし、本書の取材を進めて先祖の情報も判明したが、正直そこに確かな繋がりは感じても、血の通った温かみのある連帯は、やはり二、三世代前ぐらいまでが限界だ。

知る限り、周りの人もあまり先祖へのこだわりはないように思う。それは明治期以降に移住してきた人が多いという北海道の歴史的背景と、単純に地域の気風が関係するもので、これ自体別に善でも悪でもありはしない。

それを差し引いても、やはり自分のルーツを遡り、それが起因となって祖父や父の人生がどこに着地していったかを顧みる作業は私にとっては大事なことだったのだと思う。

知ったからといって自身の人生に何か大きな変化があるわけではない。何かの岐路に立った時、選択の要素になるわけでも、遠い過去を誇りに生きていけるわけでもない。

ただ、自分が立っている足の裏に、長く硬い根が生えていたことを、ようやく知覚できたような思いでいる。

だから、知ることによって大きな変化は感じられなくとも、例えば何か大きな衝撃で自分の人生が揺らぎそうな時、その大きな根のお陰でかろうじてぐらつきを抑えられるような、そんな効果が実はあるのかもしれない。

今まで「ご先祖様のお陰、亡くなったじいちゃんばあちゃんのお陰」といった意識が希薄な私ではあったけれど、先祖を敬うというのはそういった心持ちを抱くことなのか。そして、謙虚さや誠実さというのは人の歩みをごくわずか慎重にさせ、結果として大きな災いを遠ざけることにも通じる。

家を、家族を大事にする、という本質に、四十も半ばになってようやく気付けた気がしている。まずは、また近いうちに時間を作って故郷に戻り、父に面会をしに行こうと思う。今、せっかくお互いまだ生きているのだから。

追記　その後に判明したこと

二〇二四年九月。私は関西国際空港に降り立った。親戚に祖父の話を聞くためである。せっかく新型コロナもおさまったのと、忙しい中で息抜き旅行をしたいと大阪行きを思い立ったのが初夏の頃。ついでに、本書の肉付けのために親戚の家を訪れようと思ったのだ。結局仕事も兼ねた旅行になったが、まあいい。

唐突な訪問とお話を伺いたいという一方的な願いを聞き届けてくれたのは、前川家の血をひく女性である。河﨑家との血縁でいえば、祖父からすると姪の娘、つまり大姪《おおめい》ということになる。ここではKさんとお呼びする。

前川家は祖父母が旧満洲から引揚げた後、お世話になった家だ。苗字《みようじ》は違うが祖父が養子に行く前の実家ということになる。

前川家の当時のご当主と祖父・昇は血の繋がった兄弟だった。とはいえ、Kさんによると性格はだいぶ違ったとのことで、武家の精神と伝統を強く意識していたご当主と昇の気性は、まったく異なったらしい。

「昇おじさんは引揚げ後、このへんでは『大ボラ吹きの大先生』って呼ばれてたの」

堺市内の瀟洒《しょうしゃ》なご自宅で、Ｋさんは思い出し笑いをしながら言った。

昇は別に教師でも医師でもましてや作家でもなかったはずだが、薬剤師の白衣が昇を『先生』と呼ばれるに至らしめたのか。それとも関西流の愛のこもった皮肉であったか。Ｋさんが語るところによると、とにかく昇は、「こうするとええ」「あれ始めればええ」と周囲に大言壮語しては絵空事を口にし、しょっちゅう人を焚《た》き付けていたそうだ。

何してくれてんだじいちゃん。ちょっとイメージが変わっちゃったじゃないか。

具体的には、Ｋさんはまだ小さかった頃、昇から「これからは魚だ、魚を勉強せえ！」と、前川家に縁もゆかりもない漁業の勉強を勧められたことがあるという。

「なんでいきなり漁業」

私は絶句したが、Ｋさんは面白そうに笑っていた。

「結局私はそちらには進まなかったけど。おじさん、どうも魚といっても養殖のことを言っていたみたい。何年か前、近畿大学でマグロの養殖が話題になったでしょ。昇おじさん、このこと言ってたのかなあって」

なるほど、一見突拍子もないけど先見の明はあった……かどうか、真偽はともかく。

これでなんとなく、「これからは魚だ！」と同じノリで「これからは農業だ、畜産だ！」と北海道の戦後開拓を決意したであろう祖父の姿は想像がついてきた。証拠はないけれど、旧満洲に渡った時も辞令とかではなく、同じようなテンションで「これからは大陸だ！」とか言って渡航したんじゃないかと思われる。父が牛飼いになった理由も、どうやら祖父のこのノリの延長だったらしい。いや別に悪いわけじゃないんだけど、なんだろうこのフットワークの軽さは。

しかし、農業だと言い出していたとしても、本人が農業に向く性格だったかどうかは別問題である。

戦中戦後当時、前川家のご当主は役所勤めと畑作をされていたそうだ。旧満洲から一家で引揚げた昇も、さすがに畑を手伝わねば、という雰囲気になったことだろう。

だが、例えばイモの収穫をしていても、他の人が三畝《うね》終えるところを、昇は一つ一つ掘り出した株を眺め、「いっぱいできたもんだ」とイモの数をカウントしていて一畝も作業が終わっていなかったそうだ。じいちゃんさあ……その朝ドラの登場人物（しかも脇役）みたいなキャラ立ちは本当なんなの……と、孫としては頭を抱えたくなる。

祖父なりに思うところや興味があったのかもしれないが、少なくとも農家向きの性格とは思えない。それが開拓に新たな可能性を見出し、結果として、牛飼いとなってそれなりに身を立てられた成功要因があるとすればそれはつまり……。

「……じいちゃんが牧場やれたのって、実作業を全て息子たちにアウトソーシングしたからなのかもしれませんね……」

私の率直な感想に、Kさんは笑っていた。否定はしていなかった。

息子たちをみな北海道の農業系大学に進学させて、営農できるだけの要素が揃ってから北海道に向かった祖父は、自身の見極めも含めてやはり先見の明があったのだろうか。

とはいえ、振り回される祖母・美津子は改めて不憫《ふびん》である。これまで綴った通り、お嬢様として過ごして子ども四人連れての引揚げという難ミッションをこなした美津子は、前川家に辿りついた時には精魂尽き果てていたそうである。Kさん曰く、我が子の面倒も見られなかったとのことだ。無理もない。過酷な行程を夫婦で乗り切れたからといって、すぐに心身が回復できたはずもない。

では戦後の混乱期、乳幼児を含む四人の子どもを誰が面倒見てくれたのかというと、前川家の奥様（Kさんのお祖母《ばあ》様）がそれは親身になって下さったそうだ。子ども好きというより、子どもは大事にしなければ、という信念をお持ちの方だったそうで、この奥様と、一人娘のお嬢さん（Kさんのお母様。崇らからすると従姉妹《いとこ》）がそれはそれは親身に面倒を見てくれたという。

当時の写真を見せて頂いたが、父はきょうだいたち共々きちんとした服を着せてもらっていた。痩せこけた様子もない。前川家は畑をやっていたお陰で食糧にこそ困らなかったというが、ボロボロの状態で大阪まで辿り着いた大人二人と子ども四人を、本当によくぞ快く受け入れて下さったと思う。

ちなみにそれらの写真の中には若き日の祖父・昇の姿もあった。セピア色効果もあるのかもしれないが、存外イケメンである。先の大先生エピソードと畑の話を聞く前だったなら素直に賞賛できたのかもしれないが、今は残念イケメンと思ってしまう。もっとも、そう思えることも親しみの一つではあるのだろう（でも畑は真面目にやってよおじいちゃん）。

お話を伺ううち、祖父がなぜ愛媛生まれなのかということも判明した。どうも当時の前川家は、江戸時代まで仕えた家の主人が愛媛で知事になったことを受けて、一家で愛媛の西条《さいじょう》へと移住していたらしい。士族制度が解体してもなお忠誠を誓っていた前川家は、真に武家の家系だったということだ。

さて、話を伺ううち、『美津子は夫が息子たちまで巻き込んで北海道で農家になることに賛成していなかったのではないか』という問いは、Kさんとの答え合わせで「多分その通り」と結論が出た。

昇も美津子も健在だった頃、Kさんは茶志骨の牧場まで遊びに来てくれたそうだ。その際、美津子は決して牛舎に近寄らなかったという。何かの時に屋外で牛の近くに（多分柵越しに）いたところ、牛がこちらを見ただけでピャッと屈《かが》んで身を隠していたとのこと。

「牛が怖かったみたいでねえ」

そ、そうでしたかおばあちゃん……。孫娘（私）が棒を持って暴れ牛と戦っていたことを思うと、祖母の遺伝子は薄かったのかもしれない。まあ、私にお嬢様要素はかけらもないしな、と深く納得した。

それよりも祖父の遺伝子である。Kさんの話を聞くに、私がこれまで思っていた以上にテキトーでお茶目だったらしい祖父は、ある意味、「突拍子もないことを思いつき、かつ嘘つき」という点において間違いなく私の祖父である。私は大真面目で羊飼いや作家を志してその夢を実現させたが、周りから見ると突拍子もなく危なっかしいことこの上なかっただろう（ある程度自覚はあるし反省もしてます）。

そして、物語世界を作り出す作家というのは、基本的に嘘つきだ。現実にはないことを文章に書いてばかりいる（いえ今回の原稿はあくまでノンフィクションで嘘ではないですが）。

私は祖父と違って他人を巻き込むことは（あんまり）ないけれど、人間としての芯の部分は似ちゃっているのかなあ、と思う。
これが隔世遺伝というやつだろうか。悪い気はしない。

本書は、集英社『青春と読書』（二〇二三年九月号～二〇二四年八月号）に掲載の連載「父が牛飼いになった理由」を元に、加筆・修正して新書化したものです。

イラストレーション　阿部海太

河崎秋子（かわさき あきこ）

作家。一九七九年北海道生まれ。大学卒業後、実家の牧場で酪農従業員として働きながら養羊も行う。二〇一二年「東陬遺事」で第四六回北海道新聞文学賞を受賞。二〇一四年『颶風の王』で三浦綾子文学賞を受賞しデビュー。同作でJRA賞馬事文化賞を受賞。二〇二四年『ともぐい』で直木賞受賞。著書に『肉弾』（大藪春彦賞）、『土に贖う』（新田次郎文学賞）、『銀色のステイヤー』『私の最後の羊が死んだ』『森田繁子と腹八分』など。

父《ちち》が牛《うし》飼《か》いになった理由《わけ》

二〇二五年三月二二日　第一刷発行　　集英社新書一二五五N

著者……河崎秋子《かわさきあき こ》

発行者……樋口尚也

発行所……株式会社集英社

東京都千代田区一ツ橋二-五-一〇　郵便番号一〇一-八〇五〇

電話　〇三-三二三〇-六三九一（編集部）
〇三-三二三〇-六〇八〇（読者係）
〇三-三二三〇-六三九三（販売部）書店専用

装幀……新井千佳子（MOTHER）

印刷所……TOPPAN株式会社

製本所……加藤製本株式会社

定価はカバーに表示してあります。

ISBN 978-4-08-721355-3 C0236

Printed in Japan

ノンフィクション――N

妻と最期の十日間　桃井和馬
鯨人　石川梵
ゴーストタウン チェルノブイリを走る　エレナ・ウラジーミロヴナ・フィラトワ 池田紫・訳
笑う、避難所 石巻・明友館136人の記録　頓所直人 写真・名越啓介
チャングム、イ・サンの監督が語る 韓流時代劇の魅力　イ・ビョンフン
女ノマド、一人砂漠に生きる　常見藤代
幻の楽器 ヴィオラ・アルタ物語　平野真敏
風景は記憶の順にできていく　椎名誠
実録 ドイツで決闘した日本人　菅野瑞治也
「辺境」の誇り――アメリカ先住民と日本人　鎌田遵
奇食珍食 糞便録　椎名誠
ひらめき教室 「弱者」のための仕事論　松井優征 佐藤オオキ
橋を架ける者たち――在日サッカー選手の群像　木村元彦
ナチスと隕石仏像 SSチベット探検隊とアーリア神話　浜本隆志
堕ちた英雄 「独裁者」ムガベの37年　石原孝
癒されぬアメリカ 先住民社会を生きる　鎌田遵

羽生結弦を生んだ男 都築章一郎の道程　宇都宮直子
花ちゃんのサラダ 昭和の思い出日記　南條竹則
ある北朝鮮テロリストの生と死 証言・ラングーン事件　羅鍾一 永野慎一郎・訳
原子の力を解放せよ 戦争に翻弄された核物理学者たち　浜野高宏 新田義貴 海南友子
ルポ 森のようちえん SDGs時代の子育てスタイル　おおたとしまさ
シングルマザー、その後　黒川祥子
9つの人生 現代インドの聖なるものを求めて　ウィリアム・ダルリンプル パロミタ友美・訳
財津和夫 人生はひとつ でも一度じゃない　川上雄三
ルポ 虐待サバイバー　植原亮太
スタジオジブリ物語　鈴木敏夫 責任編集
おかしゅうて、やがてかなしき 映画監督・岡本喜八と戦中派の肖像　前田啓介
戦雲《いくさふむ》 要塞化する沖縄、島々の記録　三上智恵
カレー移民の謎 日本を制覇する「インネパ」　室橋裕和
落語の人、春風亭一之輔　中村計
プーチンに勝った主婦　小倉孝保

ヴィジュアル版――V

- 江戸を歩く　田中優子 石山貴美子・写真
- フェルメール全点踏破の旅　朽木ゆり子
- 直筆で読む「坊っちやん」　夏目漱石
- 奇想の江戸挿絵　辻惟雄
- 神と仏の道を歩く　神仏霊場会編
- 世界遺産 神々の眠る「熊野」を歩く　植島啓司 写真・鈴木理策
- 藤田嗣治 手しごとの家　林洋子
- フランス革命の肖像　佐藤賢一
- 完全版 広重の富士　赤坂治績
- ONE PIECE STRONG WORDS［上巻］　尾田栄一郎 解説・内田樹
- ONE PIECE STRONG WORDS［下巻］　尾田栄一郎 解説・内田樹
- 天才アラーキー 写真ノ愛・情　荒木経惟
- 藤田嗣治 本のしごと　林洋子
- ジョジョの奇妙な名言集Part1～3　荒木飛呂彦 解説・中条省平
- ジョジョの奇妙な名言集Part4～8　荒木飛呂彦
- NARUTO名言集 絆―KIZUNA―天ノ巻　岸本斉史 解説・伊藤剛
- NARUTO名言集 絆―KIZUNA―地ノ巻　岸本斉史 解説・F・トゥルモンド
- ウィーン楽友協会 二〇〇〇年の輝き　オットー・ビーバ イングリード・フックス
- ONE PIECE STRONG WORDS 2　尾田栄一郎 解説・内田樹
- 伊勢神宮 式年遷宮と祈り　石川梵 監修・河合真如
- 美女の一瞬　金子達仁 写真・小林紀晴
- ニッポン景観論　アレックス・カー
- 伊勢神宮とは何か　植島啓司
- 野生動物カメラマン　岩合光昭
- ライオンはとてつもなく不味い　山形豪
- サハラ砂漠 塩の道をゆく　片平孝
- 反抗と祈りの日本画 中村正義の世界　大塚信一
- 藤田嗣治 手紙の森へ　林洋子
- ニッポン巡礼　アレックス・カー

集英社新書　好評既刊

社会——B

集英社新書　好評既刊

歴史・地理——D

日本人の魂の原郷 沖縄久高島	比嘉康雄
沖縄の旅・アブチラガマと轟《とどろき》の壕	石原昌家
アメリカのユダヤ人迫害史	佐藤唯行
ヒロシマ——壁に残された伝言	井上恭介
英仏百年戦争	佐藤賢一
死刑執行人サンソン	安達正勝
僕の叔父さん 網野善彦	中沢新一
反米大陸	伊藤千尋
陸海軍戦史に学ぶ 負ける組織と日本人	藤井非三四
在日一世の記憶	小熊英二 姜尚中 編
江戸・東京 下町の歳時記	荒井修
日本人の坐り方	矢田部英正
江戸っ子の意地	安藤優一郎
人と森の物語	池内紀
ローマ人に学ぶ	本村凌二
北朝鮮で考えたこと	テッサ・モーリス-スズキ
司馬遼太郎が描かなかった幕末	一坂太郎
縄文人からの伝言	岡村道雄
14歳〈フォーティーン〉満州開拓村からの帰還	澤地久枝
日本とドイツ ふたつの「戦後」	熊谷徹
江戸の経済事件簿 地獄の沙汰も金次第	赤坂治績
「火附盗賊改」の正体——幕府と盗賊の三百年戦争	丹野顯
在日二世の記憶	小熊英二 高賛侑 高秀美 編
シリーズ〈本と日本史〉①『日本書紀』の呪縛	吉田一彦
シリーズ〈本と日本史〉③ 中世の声と文字 親鸞の手紙と『平家物語』	大隅和雄
シリーズ〈本と日本史〉④ 宣教師と『太平記』	神田千里
「天皇機関説」事件	山崎雅弘
列島縦断「幻の名城」を訪ねて	山名美和子
大予言「歴史の尺度」が示す未来	吉見俊哉
十五歳の戦争 陸軍幼年学校「最後の生徒」	西村京太郎
物語 ウェールズ抗戦史 ケルトの民とアーサー王伝説	桜井俊彰
シリーズ〈本と日本史〉② 遣唐使と外交神話『吉備大臣入唐絵巻』を読む	小峯和明
テンプル騎士団	佐藤賢一

a pilot of wisdom

司馬江漢「江戸のダ・ヴィンチ」の型破り人生　池内 了
写真で愉しむ 東京「水流」地形散歩　小林紀晴 監修・解説 今尾恵介
近現代日本史との対話【幕末・維新―戦前編】　成田龍一
近現代日本史との対話【戦中・戦後―現在編】　成田龍一
マラッカ海峡物語　重松伸司
アイヌ文化で読み解く「ゴールデンカムイ」　中川 裕
始皇帝 中華統一の思想『キングダム』で解く中国大陸の謎　渡邉義浩
歴史戦と思想戦――歴史問題の読み解き方　山崎雅弘
証言 沖縄スパイ戦史　三上智恵
「慵斎叢話」15世紀朝鮮奇譚の世界　野崎充彦
江戸幕府の感染症対策　安藤優一郎
長州ファイブ サムライたちの倫敦《ロンドン》　桜井俊彰
奈良で学ぶ 寺院建築入門　海野 聡
江戸の宇宙論　池内 了
大東亜共栄圏のクールジャパン　大塚英志
「米留組」と沖縄 米軍統治下のアメリカ留学　山里絹子
未完の敗戦　山崎雅弘

スコットランド全史「運命の石」とナショナリズム　桜井俊彰
駒澤大学仏教学部教授が語る 仏像鑑賞入門　村松哲文
海のアルメニア商人 アジア離散交易の歴史　重松伸司
太平洋戦争史に学ぶ 日本人の戦い方　藤井非三四
江戸の好奇心 花ひらく「科学」　池内 了
戦国ブリテン アングロサクソン七王国の王たち　桜井俊彰
ゴールデンカムイ 絵から学ぶアイヌ文化　中川 裕
私たちの近現代史 女性とマイノリティの100年　村山由佳 朴慶南
首里城と沖縄戦 最後の日本軍地下司令部　保坂廣志
秘密資料で読み解く 激動の韓国政治史　永野慎一郎
ナチズム前夜 ワイマル共和国と政治的暴力　原田昌博

東京裏返し　都心・再開発編
吉見俊哉　1243-B
再開発が進む東京都心南部。その裏側を掘り起こす、七日間の社会学的街歩きガイド。

わたしの神聖なる女友だち
四方田犬彦　1244-B
昭和の大女優、世界的な革命家、学者、作家、漫画家など、各領域で先駆者として生きた女性の貴重な記録。

恋する仏教　アジア諸国の文学を育てた教え
石井公成　1245-C
仏教の経典や僧侶たちの説法には、恋愛話や言葉遊びがいたるところに。仏教の本当の姿が明らかになる。

捨てる生き方
小野龍光／香山リカ　1246-C
仏門に入った元IT長者と、へき地医療の道を選んだ精神科医が語る、納得して生きるための思索的問答。

アメリカの未解決問題
竹田ダニエル／三牧聖子　1247-A
米大統領選と並走しつつ、大手メディアの矛盾や民主主義への危機感、日米関係の未来について緊急対談。

はじめての日本国債
服部孝洋　1248-A
「国の借金」の仕組みがわかれば、日本経済の動向がわかる。市場操作、為替、保険など、国債から考える。

働くことの小さな革命　ルポ日本の「社会的連帯経済」
工藤律子　1249-B
資本主義に代わる、「つながりの経済」とは？　小さなコモンを育む人々を描く、希望のルポルタージュ。

新聞記者がネット記事をバズらせるために考えたこと
斉藤友彦　1250-F
ネット記事で三〇〇万PVを数々叩き出してきた共同通信社の記者が、デジタル時代の文章術を指南する。

人生は生い立ちが8割　見えない貧困は連鎖する
ヒオカ　1251-B
実体験とデータから貧困連鎖の仕組みを明らかに。東京大学山口慎太郎教授との対談では貧困対策等を検討。

アセクシュアル　アロマンティック入門　性的惹かれや恋愛感情を持たない人たち
松浦　優　1252-B
LGBTに関する議論から取りこぼされてきた、セクシュアリティを通じて、性愛や恋愛の常識を再考する。

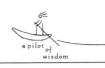